馬の言葉に耳を傾けて

続・「馬楽のすすめ」極上の乗馬指導術

三木田 照明
Teruaki Mikita

あさ出版

はじめに

乗馬クラブの生徒さんや馬術部の後輩たちへの指導で、悩んでいませんか。

「一生懸命に教えているんだけど、なかなか上手くならなくて」

教えるのは、自分で乗るより難しいですね。

「一生懸命教えてくれるのだけど、なかなか上手く乗れなくて」

と、生徒さんたちも悩んでいるかもしれません。


「馬をよく動かせるのが上手」

と思っていませんか。

その考えがあると、馬が動かなければ鞭でバシバシ叩き、無理やり動かそうとします。

それが当然だと言わんばかりに。

馬が苦し紛れに動くと、乗り手は勝ち誇ったような顔をします。

はじめに

そういう人に習っている生徒さんが、馬が動いてくれない時、

「鞭、鞭、もっと強く！」

と、怒鳴られている光景をよく見ます。

「なんだか嫌だなあ」

生徒さんも馬も辛そうです。

馬が大好きで始めた乗馬ですよね。そのお馬さんを叩くなんて、辛いですね。

教える人も、

「以前は私も、馬が好きな気持ちが一番で、叩くなんてこと、なかったんだけど……」

と、後悔の念にかられているのではないでしょうか。

今までの考えを一旦横に置いて、

「よく動いてくれる馬に付いていけるのが上手」

と考えてみましょう。

使う単語はほぼ同じですが、内容は全くちがいます。

馬が動こうとしても、乗っている人が付いていけなければ、落馬するか動きを小さくし

てしまいます。いつも動きを制限していると、動かない馬になってしまいます。そして鞭を使う。おかしいですね。

よく動く馬に付いていければ、よく動かせる可能性が生まれます。

どうすれば、馬の動きに付いていけるようになるかを考えましょう。

私は、その為にはまず、自分の生徒さんは何ができるかを探します。そして、できることから始めます。

できることをやって、褒めてあげてから、上積みします。その方が楽しいです。

楽しいことが何より大事です。楽しいと意欲が湧きます。

昔は、「楽しく」などというと、「ふざけるな！」と叱られましたが、本当は楽しい方が上手になります。楽しいと集中できるからです。

「音を楽しむのが音楽」

「馬を楽しむのが馬楽」

はじめに

音楽は、聴く人を感動させたり、勇気を与えたりします。時には安らぎを得て、幸せな気分になります。

それが必ずしも、一流の音楽とは限りません。

たとえば幼い子供たちの合唱は、ただただ可愛らしくほのぼのとさせてくれますよね。楽しそうに奏でてくれる音楽は、上手下手は抜きにして「何だかいいなあ」と思ってしまいます。そんなこと、ありませんか？

馬術も、音楽を楽しむようにやりたいものです。

国際大会は到底無理だし目指さないけれど、自分も周りの人も、そして馬たちも、「何だかいいなあ」

という馬術をしてみませんか。

私は現在、新ひだか町の町営乗馬施設、ライディングヒルズ静内で指導させていただいています。

関西から参加してくださっている、ある生徒さんの感想です。

「三木田先生は、教えるプロ中のプロですね。生徒を励ましながら、先生独自のメソッドで、その人に最適な内容を、最適な順序で、最適な負荷で教えてくださいます。なので、教わった人は最後に笑顔（Big smile）になります」

指導的立場にあるクラブの先生や、馬術部の上級生やＯＢの方々、指導の仕方を改めて考えてみませんか。

勿論、本書は教えられる側の生徒さんにも読んでいただきたいです。

指導方法は一律ではありません。状況によって、どんどん変化します。

そこで、本書では、私が指導している現場からの、実況中継のような気持ちで書いてみました。

何かの参考になれば幸いです。

三木田　照明

もくじ

もくじ

駈歩《かけあし》

障害

I
指導法

練習一日目

扶助《ふじょ》

「扶助」を「提案」と「納得」と訳しました。大発見です。

我ながら、よく見つけたものです。何時、どうやって見つけたのか、確かなことは思い出せません。

多分、ピットボーイとの格闘の中から閃いたのだと思います。

一九九〇年初冬、私が日本軽種馬協会の職員になって間もなく、ピットボーイを貰いました。アラブ種の種馬で、当時十歳。バリバリの現役です。産駒があまり走らなかったので、若くして種馬をやめることになりました。アラブの競馬もやめる方向だったのでしょう。

乗馬としての調教は受けていません。

種馬としての仕事は本能をかき立てる行為でもあり、私のところにきてすぐ去勢しましたが、その分野の本能はすぐには消えません。

種付けをしたことがない牡は、去勢すればその本能は間もなく消えます。

ピットボーイは、初めから種馬にするつもりで生産されました。競馬はしていません。父はサラブレッドの名血テスコボーイですが、アラブ種特有の体型。能力が高く、動きは躍動感に満ちあふれていました。

私は、当時四十代前半。自分ではそこそこ乗れると思っていましたが、それまでの技術では到底乗り切れませんでした。

ハミ受けも何も知らないダイナマイトのような馬に、簡単に乗れる訳がありません。当然動きを小さくしようとしましたが、ピットには分からないらしく、かえってエネルギーが行き場を失くし、常に爆発寸前でした。

その頃、私の『馬楽辞典』には、まだ「主従関係」という四文字熟語がありました。削除するのを忘れていたのです。この四文字は何の足しにもなりませんでした。

それを主張すると、

「主人はオレだろ」

と、ピットに言われかねません。

「一般論だけど、馬術とはこういうものなんだが」

と、持てる知識、能力をフル稼働して伝える日々。具体的には扶助を一つ一つ覚えてもらう作業。

何しろ、空気がパンパンに入った風船のようなもの。強い扶助は禁物です。

丁寧に丁寧に、繰り返し繰り返し。

何年もして、スッと扶助を理解してくれる瞬間がありました。

「ン？　何だ」

という感じです。

「何だお前、乗っていたのか？」

と、初めて私の存在を認めてくれたように感じました。種馬から乗馬に転身です。

少しずつ会話ができるようになりました。言葉づかいはまだ乱暴です。ときどき種馬の本能が顔を出します。洗練されていません。

「ン？　何だ、言ってみろ」

「実は、こうやってみたらどうかと思うのですが」

「どらどら、やってやるか」

「そうそう、そうです」

「なんだ、簡単じゃないか」

「さすがピットさん、何でもできますね」

「俺を誰だと思ってんだ？」

「次はこういう運動なんですが、こうやるとよいかと思います」

「なるほど、そうかもしれない」

時にはピットから、

「それ分かりにくいぞ。もっと単純にならないのか？」

「そうだなあ。じゃあこれとこれを省いてみようか」

「そうだ、それなら分かりやすい」

と納得。

だんだんため口になっていきました。互いを認め、仲よくなってきたのかも。

去勢してしまったし、もう種馬には戻れません。だったら、乗馬としてその能力を遺憾なく発揮した方がピットの為です。

いくら能力があっても、その表現方法を知らなければ、ただの荒っぽい馬で終わってしまいます。

後々のことですが、ＪＲＡの方が「この馬は国際級の能力がある」と評価してくれました。「総合馬術に適している」と。

「よし、もっともっと上手くなって、ピットを一流の乗馬にしよう！」

常歩《なみあし》、速歩《はやあし》、駈歩《かけあし》の発進。停止。歩度《ほど》の伸縮。内方姿勢。二蹄跡運動。障害飛越。野外コースでの不整地騎乗も随分やりました。このコースは、ジャングル状態の山に、五日間こもって切り開きました。武器は鋸と鎌。弁当持参です。

調教が進み、後輩の関さんに乗ってもらうと、

「ワーッ、教科書通り動きます」

「ピットに乗ると、自分の足りないところを教えてもらえます」

と、喜んでくれました。

そんなやり取りの中で、はっと気づきました。

「扶助とは助けるという意味だ」

よく見ると、「扶助」の扶も「扶助」の助も助けるという意味です。

「何を助けるんだろう？」

随分考えました。

「馬の動きを助ける」

馬は単独でも動けるが、それでは馬術になりません。乗馬として動けるように、フォームづくりをしたり、運動を覚えたり、筋力や柔軟性を増したり。

そのために「こうやったらどうだろう」と提案し、納得してやってもらう。

実際、そうやっていたのですが、明確な言葉としては認識していませんでした。

ピットに命令はできません。勿論服従は考えられません。爆発してしまいます。ですからあくまでも「こうやったらどうだろう」と提案です。

提案し納得してもらって、初めて運動ができます。

「扶助とは提案と納得」

言葉として明確になると、考え方がしっかりします。

「ピットを一流の乗馬に」と、私は研究に研究を重ねました。

世界のトップの人馬の映像を、最も多く見たのはこの頃です。

馬術書を何冊も読みました。勿論、文字通り血だらけの練習。

勤めていた日本軽種馬協会には、立派な屋内馬場がありましたので、天候に関係なく一年中練習できたのは本当に幸運でした。

研修生の練習用の馬の調教も、私の大事な仕事です。

それらの馬は全頭競走馬あがりですが、大した問題もなく楽々と乗れました。調教が簡単に進むのです。不思議に思うほどでした。

ピット効果だと思います。

能力の高いピットで悪戦苦闘を重ねたお蔭で、私の技術は格段に向上していました。ピットが私を訓練してくれていたのです。

そこでまた気づきました。

「私がピットに扶助を教えていたつもりだったけれど、同時にピットも私に扶助を教えてくれていたのではないだろうか」

つまり、提案はピットからもあったし、それを私が納得していたのです。

当たり前と言えば当たり前です。

人馬一体を目指しているのですから、片方から一方的ということはありません。

馬からも提案があると気づき、馬術は画期的に深まりました。

より深く、馬の内面に入って行けるようになりました。

ここまで書き進めて、思い出したことがあります。

学生時代のパートナー、柏鷹《はくよう》のことです。

二年生の初冬から乗せてもらいましたが、とても私の技術では乗り切れませんでした。駈歩になると興奮し、ひっかかってしまうのです。障害を見ると突っ込んでいき、スピードが上がりすぎて落下してしまうのです。能力は十分過ぎる程ありましたが、これでは勝てません。

馬術書に、悪魔のような一文がありました。

「ひっかかる馬は走らせろ。好きなだけ走らせて、疲れてスピードが落ちたら拍車を入れろ。それで馬が従うようになる」

三年生の春、夕方、馬場を綺麗に片付けました。

翌日早朝、部員はまだ誰も来ていません。秘密の実験をするのです。本に書いてある通りに、やってみようと思ったのです。

柏鷹で駈歩。すぐ全力走。畜大（帯広畜産大学）の馬場は広いと言っても曲がらなければ柵に激突です。

必死に曲げながら駈歩。何周も何周も。人馬共息づかいは荒く、汗びっしょり。

「もう疲れるだろう、もうスピードが落ちるだろう」

と、待てども待てども、その瞬間は訪れません。

「ああ、死ぬまで走る気なんだ」

と恐怖に駆られ、実験をやめました。実験は大失敗。私の負けです。

でも、大きな収穫がありました。尊敬に似た気持ちになったのです。

「柏鷹を乗りこなすなど百年早い。全部柏鷹に教えてもらおう。柏鷹にも私の考えを何とか分かってもらおう」

と思えるようになったのです。

この段階で、馬に主従関係を求めるのは間違いじゃないかと気づいたのかもしれません。求めるのは主従関係ではなく、信頼関係ですね。分かっているんだけどなあ。

柏鷹との信頼関係が芽吹き始めたのは、自然な流れだったと思います。

私の若さ、未熟さから、その関係を崩してしまったことは何処かに書きました。

でも根底に、柏鷹を尊敬できる何かが定着していたので、その関係性も修復できたし、その後接する多くの馬たちとも、よい関係をつくれたと思います。

どの馬も、その馬なりのよいものを持っています。丁寧に接していると、必ずよい面が開発されます。「偉いなあお前」と、尊敬できるようになります。

「ダメ馬」と決めつけてしまうのは可哀想ですし、もったいない。

一五〇センチの障害は飛べないけど、誰でも大人しく乗せてあげられるのも才能です。その馬にはその馬の役割があります。それを見つけて育ててあげることです。

指導も扶助だと思います。

指導者が上手になるのではありません。上手になるのは生徒さんです。主役は生徒さんです。生徒さんが上手になれるよう、助けてあげるのが指導です。

扶助を「提案と納得」と訳しました。あくまでも提案です。提案に対し、納得して実行するのは生徒さんです。

生徒さんに納得してもらえるように研究しなければならないのは、指導者として当然です。自分だけの経験を押し付けるのは、もっての外です。

我流に走らず、可能な限り文献を示すべきです。今なら映像等も文献に含めてもよいと思います。

学生時代「宗教批判の原理」の存在を知りました。

宗教には全く興味がなく、「葬式のため」「何でも同じ」「関係ない」と、平均以下の認識でしたが、宗教には高低浅深があり、しかもそれを峻別する原理があるというのには、本当に驚きました。

いくつかある原理の一つが「三証」です。「文証」「理証」「現証」。

まず文献があるか無いか。無いものは時代や環境によって変わったり、正確に伝わらないことがあります。文献があればそこに戻れます。

理証は理論的に正しいかどうか。同じ原因から同じ結果が出るのが理論的に正しいということです。それ以外は偶然とか奇跡と言います。

そして一番大事なのは、現実にどうかです。理論通りにやったら誰でも何度も同じ結果が出ることが大事です。同じ結果が出たなら、その理論は正しく、文献も信ずるに足るということです。

私は学生時代、馬術にも人生にも全く自信がありませんでした。感情の起伏も乏しく、つまらない人間でした。内容の無い男だと知られるのが恐ろしく、心を閉ざしていました。でもこの原理を知り、正しい馬術があるなら究めてみたいと思いました。

まず文証です。数冊の馬術書を読みました。

どの本も難しく内容はよく分かりませんでしたので、一番イラストが多かったミューゼラー著『乗馬教本』に決めました。

なかなか理解できませんでしたが、我慢してとにかく最後まで読みました。

二回三回と読むうちに、少しずつ理解できるようになりました。

理解が進むと同時に、技術も向上しました。技術が向上すると、さらに理解が深まります。

「ここに、こんなことが書いてある。やってみよう」

と、未知の分野にどんどん踏み込んで行きました。書いてある通りになる面白さはたまりません。何ページの何行目に何が書いてあるか、全部分かるようになりました。

なにより、文献の裏付けがある指導は説得力があります。自分にはできないことでも、

「ミューゼラーはこう説明しているから」と、後輩に示すことができました。

後輩たちはぐんぐん上達しました。

基本となる理論を持っていると、色々な考え方を受け入れることができます。逆じゃないかと思われるかもしれませんが、そうではありません。

何か一つ徹底して研究すると、他のあらゆること、例えばスポーツでも音楽でも芸術でも無駄なく活かされると実感し、色々なことに興味を持ちました。

馬術で少しは自信がつき、人生にも希望を持てるようになりました。


乗馬は、年齢や性別も関係なく楽しめるスポーツです。

男女差が無いスポーツは、馬術だけです。

動物に乗って行うスポーツも、他にはありません。

ハイレベルな競技を目指す人のことは分かりませんが、どうせやるなら楽しくやりたいものです。

指導者の存在は大きいです。楽しめるかどうかは、指導者次第と言ってもよいかもしれません。

私の指導歴は長いです。

大学で初めて馬術を知り、後輩を指導。

三十代で、高校の教員として高校生を指導。

四十代で、競走馬の育成を目指す研修所で若者を指導。

五十代半ばで三木田乗馬学校を開校し、全国の乗馬愛好家を指導させていただきました。

学生時代は、自分の大学の部員だけではなく、他大学の学生の指導もさせていただきました。

大会の後、開催大学の馬を月明かりの下で調教したのは、懐かしい思い出です。

高校教師時代、学校に乗馬はいましたが、頭数は少なく、二頭で十八人の合宿をしたことがありますが、全員を均等に乗せました。

「今日は十分ずつだぞ」

一人あたりの騎乗時間です。飛び乗りができず、十分間挑戦して乗れずじまいの子もいました。それでも部員は上手になりました。

研修所時代は、研修生の指導の他に、併設されていた種馬場の職員と一緒に種馬の調教もしました。そこでは種馬の乗り運動をしていました。世界のトップクラスのサラブレッドです。

「よいフォームでよい運動」を重ねる中で、馬体が見事に仕上がるだけではなく、種馬と職員の信頼関係もできたようです。種付けは危険な作業です。種馬との信頼関係は職員にとって驚きだったようです。

二〇〇五年に三木田乗馬学校を開校しましたが、お金をいただいてお客様として指導させていただくのは初めてで、大変勉強になりました。お客様ですので、それまでのように訓練という訳にはいきません。

どうやったら楽しく上手になってもらえるか、それはそれは、心をくだきました。

三木田乗馬学校時代に、畜大に四年間通って指導しました。


これら全てが、本当に勉強になりました。


高校教員時代の卒業生辻本くんが教えてくれました。

「三木田に習って、下手でいられるものならいてみろ」

私の台詞だそうです。

自信満々ですね。今は、その当時よりもっと自信満々です。何故なら、生徒さんからの提案を見逃さず、生徒さんからも学んでいるからです。

指導者にとって、生徒さんは一番の先生です。

「乗馬の聖地　新ひだか」

素晴らしいキャッチコピーでしょう。私が考えました。

使っているのは、まだ私だけです。私の夢です。日本全国、世界中から来てください。

私と楽しい馬術を追求しませんか。

音を楽しむのが音楽。

馬を楽しむのが馬楽です。

安全教育

初めて馬に乗る人には、まず、怪我をしないように教えることが大事です。

馬は本来大人しい動物ですが、体が大きいので、ちょっとした動作が事故につながることがあります。

「馬の左斜め前から、優しく声をかけながら近づきましょう」と教えてあげ、あとは毎回練習する度に、細かく教えましょう。例えばニンジンのあげ方とか、手入れの時の注意点とか。

いっぺんに沢山のことを言っても頭に入りませんから、少しずつ、繰り返し言ってあげてください。

これは、乗馬歴十年以上の経験者でも同じです。

「慣れる、侮る」と、昔習いました。

経験者の方が、危ないかも知れません。

生徒さんが馬を知ることが、事故を防ぐ一番の方法です。

同時に、先生と生徒さんとの間の緊張感をやわらげることも大事です。

「何処からきたんですか？」とか、「馬がお好きなんですね」と、先生の方から語りかけてください。

「競馬を見て、馬の美しさに魅了されました」

生徒さんの、乗馬を始める動機や、それまでの馬の体験を知っておくと、指導の際、役に立ちます。

これは、経験者も同じです。

「何か、上手くいかないこと、ありますか？」

「沢山あるんですけど、特に、なかなか馬を前に出せなくて」

私はこれを「問診」と言っています。名医は、問診で治療方針がほぼ決まると言われます。これをしておくと、生徒さんの問題点をピンポイントで解決できます。

「素晴らしい先生だ！」

と、お客様が増えること間違いなしです。

常歩《なみあし》の観察

常歩から始めますが、すぐ乗らずに、まず常歩の動きを観察してもらいます。

馬に乗るのですから、その動きを知ることは大変重要です。かなりの経験者でも、じっくり観察することは少ないようです。

補助者に曳き馬をしてもらいます。

真っすぐ歩くのを後ろから見ると、お尻の動きがよく見えます。


「腰が上下してるでしょう」

Uターンして、今度は前から見ます。

「頭の振りが分かりますか？」

左右に無限大のマークのように振ります。
二、三回直線上を歩かせ観察しましょう。
次は輪乗りをしてもらい、輪乗りの中心で生徒さんと観察します。

まず頭頚の振りを見てもらいます。

「頭と頚で七十キロもあるんですよ」

「肩に大人一人をぶら下げているようなものです」

「それを振って、重心の移動をして歩いているのです」

「速く歩く時程大きく振ります」

せっかく馬に乗ろうと意気込んで来た生徒さんは、すぐ乗れず不満かも知れませんね。

次に肢の動きを見ます。

「何拍子か分かりますか？」

地面が固ければ、着地する音が聞こえます。

「カツカツカツカツ」

図１　常歩の腰の上下動

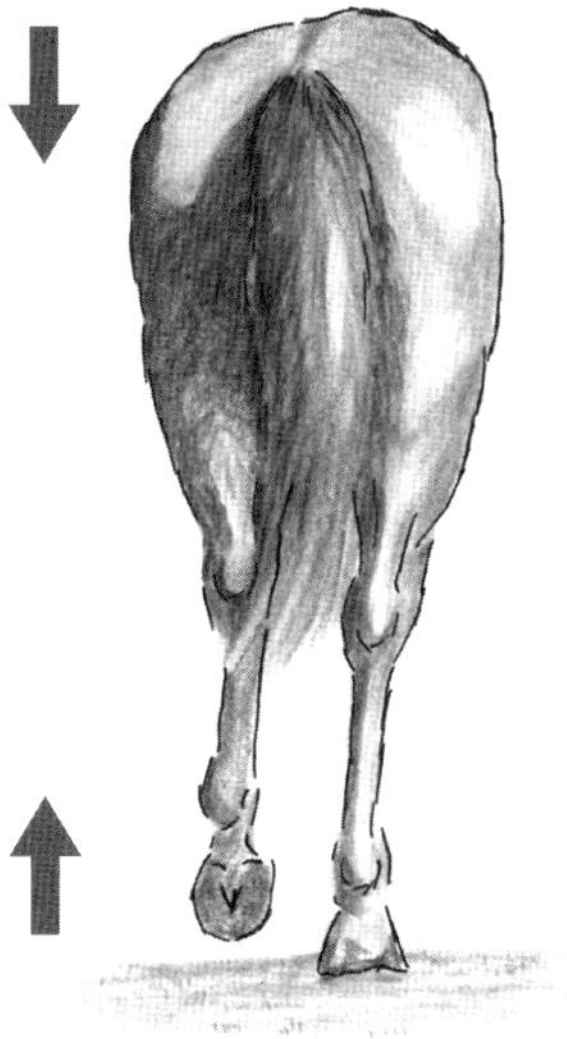

「四拍子です」「正解」

「左の後肢の着地が①としたら、②はどの肢ですか？」

先生が全部教えるより、クイズにすると生徒さんは興味を持つし覚えます。

じっくり観察する時間をとった方がいいですね。簡単ではありません。

「左の前肢ですか？」「正解」

「③は?」「右の後肢です」

「④は?」「右の前肢です」「正解」

「左、左、右、右ですね」

答えが出た後、もう一度生徒さんがじっくり見て確認するのを待ちます。

四足の動物は、みな同じです。犬も猫も同じです。ハイハイする赤ちゃんも同じです。

哺乳類も元は魚だったそうです。魚が泳ぐ動きなんですね。

左後肢、右前肢、右後肢、左前肢と思っている人は少なくありません。

次は、肢運びと馬体の動きの関連を見ます。

今は左内方の輪乗りをしています。

「私が左の腰が下がる時を言います」

腰の上下動は、はっきりしているのですぐ分かります。

「左、左、左」

生徒さんも一緒に、

「左、左、左」

「その時の左後肢の動きを言ってください」

「左、左……」

先生は腰の動きを言います。生徒さんはその声を聴きながら、肢の動きを観察します。見ると分かるのですが、言葉で表現するのは難しいようです。

「肢が浮いて後ろから前へ移動しています」

「正解」

何度か間違って、やっと答えが出ました。じっくり待ってあげましょう。

腰が下がる時というよりは、肢が浮いて前に移動する時に、腰は下がるのです。これは意外でしょう。肢が浮いたら腰も浮くと思いますよね。

逆に、肢が着地する時、腰がトンと上がります。じっくり見てもらいましょう。

「前肢はどうでしょう?」

「前肢が浮いて前へ移動する時、肩が下がりますね」

生徒さんは自慢げに言います。腰ほどではないにしても、よく見れば分かります。

勿論右側も同じです。

「肢の運びは?」

「左後、左前、右後、右前です」

左の腰と肩が沈み、次に同じように右の腰と肩が沈みます。

「だから馬体が、大きく左、右、左、右と沈みます」

いつの間にか、下がるから沈むという表現に変わりました。こちらの方が馬術的かも知れません。

「モデルさんのように歩いてみましょう」

生徒さんと一緒に、腰をくねくねさせながら歩いてみましょう。大股で歩くと、よく分かります。踏み出す時に腰が沈みます。

馬は肢が四本あるので、カツ、カツ、カツ、カツと四拍子ですが、腰の上下動は二拍子で、人の歩きと同じです。

「乗ると腰が沈むのを、はっきり感じられます」


ここでもう一つ説明を加えます。

「馬と人は似ています」

「ン？」

人は歩いていて方向を変える時、進行方向に重心を移動します。これは当たり前ですね。

何年も歩いているので無意識になりました。緩やかに曲がる時は全く意識しません。急角度で曲がる時は少し分かるかな。

スピードを出して曲がる時は、かなり重心を内側に傾けます。

馬も同じです。

方向を変える時は重心の移動が必要です。人も馬も同じです。勿論馬も意識していないでしょう。

ところが、人と馬では足（肢）の構造が違います。

馬は草食動物です。何万年も肉食獣に狙われてきました。やられる前に逃げなければなりません。とにかく速く走るために、目いっぱい爪先立って肢を長くしたのです。肢先も軽くするために、筋肉は付いていません。

折角ですからもう少し。

元々馬はキツネ位のサイズで、眼も人と同じく前に付いていました。それが、生き延びるために、眼は横に移動しました。と言うより、突然変異か何かで、横に移動したものが生き延びたのかもしれません。

お陰で、視野がほぼ三六〇度に広がりました。

眼の端を何かがサッとかすめると、判断せずに逃げます。そうしないとガブリとやられるからです。逃げ出してから「何だろう?」と振り向くとスピードが落ちるので、顔が前に向いたままでも後ろが見えるようになりました。

さらに、できるだけ早く危険を察知するために耳が大きく発達しました。耳の根元には筋肉が沢山あり、左右自在に動くようになりました。何キロも先の音をキャッチできるそうです。

全て生き延びるための機能です。

これは肉食獣にやられる心配が無くなっても、消えることはありません。

レジ袋が風で飛んだりするだけでも驚くのは、本能のなせる業です。

こんなことをちょっと教えてあげると、馬と上手に付き合えますね。事故防止にもつながります。

さて、話を戻しましょう。

人の足首は左右に捻じれますが、馬の肢は捻じれません。速く走ることを優先して進化(退化)し、その機能を捨てました。

そもそも人の足首は馬では飛節の上です。飛節は人では踵です。馬の管は人では甲です。甲の五本の骨は管では一本になりました。

蹄は中指の先です。爪先立っているうちに固くなりました。固いけど元は皮膚ですのでナイフで切れます。古くは皮爪《ひづめ》と書いたのです。

興味のある人は調べると面白いですよ。

人は方向を変える時、足を捻じります。じゃあ馬はどうやっているのでしょう。

馬に聞いてみましょう。

「踏みかえています」

前肢の踏みかえを繰り返しています。

右へ行くなら右の前肢を右に出し、ついで左前肢を交差させて右へ移動し、再び右前肢を右へというふうに手間をかけて曲がります。

同時に、重心も移動しています。

細々と面倒な説明をするなあと思うでしょう。まあ我慢して聞いてください。

ただ方向を変えるだけでも、馬は、色々なことをしなければならないのです。ちょっと知っていると、馬と上手に付き合えます。

特に小さく回るのは大変です。洗い場に入って向きを変える時など、ゆっくりやってあげてください。長い肢を踏みかえ踏みかえしてやっと回っています。

「ぐずぐずするな！」などと思っちゃダメです。

乗った時も、人が上手にやってあげると、馬はスムーズに方向を変えられるので、一気に馬の信頼を得られます。その方がいいでしょう？

どうするかと言うと、こんな具合です。

まず直進する時、馬体の上下動に合わせて騎手の腰も右、左、右、左と上下動します。特に腰が沈む方を意識してください。

直進する時は、左右均等に五〇、五〇と馬の背に圧が加わっていると想像してください。方向を変える時、圧の割合を変えます。

右に行くなら、右七〇、左三〇です。

ここで思い出してください。

自分の腰が沈む時、今は右の腰が沈む時、馬体も右側が沈んでいます。その時肢はどうなっていますか？　そうです浮いています。浮いている時に圧が加わるので、馬はよろっとして右にバランスを崩します。それで馬は肢を右へずらして着地します。そして左肢がついてきます。

もう一度、歩いているところを前から見ましょう。お相撲さんのようには左右の肢を開いていません。モデルさんのように一直線上を歩いています。ほんの少しの重心の変化でバランスを崩します。

大きく曲がるなら六〇、四〇でしょう。小さく曲がるなら八〇、二〇です。九〇、一〇と考えると後肢旋回が楽になります。

歩いていますから一〇〇、ゼロはありません。ゼロは止まるということです。

これは、やってみるとたまらなく面白いです。

この原理を発見した時、叫びだしたいほど嬉しかったです。

重心の移動は知っていましたが、こんなに細かく考えたことはありませんでした。

重心の移動で方向が変えられるので、手綱の仕事は激減します。

馬は口を引かれる力が減るので大変楽になります。そうすると、馬は一層人を好きになります。馬に好かれるほど嬉しいことはありませんね。

方向を変えるためには、手綱は補助的に使います。補助的にです。

皆さん知っていると思いますが、しっかり意識するといいですね。

手綱はハンドルとブレーキと思っていたので、この原理の発見は革命ですね。

まだ乗っていません。乗る前にここまで説明したいですね。


「人馬一体」が馬術の究極の目的です。なかなか大変です。遥かな遠い道です。

初めて馬に乗る人は、そんなこと考えもしません。でも、記念すべき第一回の騎乗で、少しでも体感できたら、どんなに幸せでしょう。

笑顔が弾けるに決まっています。

指導者の幸せは、その笑顔にあるのではないでしょうか。

やってみると、説明時間はそれ程長くありません。十分ぐらいかな。

生徒さんには、これから何年も乗馬を続けて欲しいです。馬そのもののことを知ると、乗るのが楽しくなります。敵を知るのが人馬一体への第一歩です。

勿論、馬は敵じゃないですよ。

騎乗

さて、いよいよ乗ってみましょう。

何と言っても、安全第一です。

装鞍《そうあん》、装勒《そうろく》、馬装点検は、先生が前もって済ませましょう。経験を積むに従って生徒さんができるように教えてあげるといいでしょう。

乗る際に踏み台を使いますが、馬にその臭いを嗅がせます。馬は安全の最終確認を、臭いを嗅いで行います。これは、どの場面でも同じです。

初対面の馬に、鼻づらをよせて来て臭いをかがれたことがあるでしょう。安全な人かどうか確認しているのです。

初対面の馬同士も、互いに臭いを嗅ぎ合います。

逆に、頭を高くして見られたことはありませんか？　馬は近くのものを見るには頭を上げた方が見やすいのです。眼の構造がそうなっています。

台を静かに鼻先に持って行きます。馬はクンクンと臭いを嗅ぎます。一回確認させたからそれでよしとしないで、乗る時は毎回やったほうがいいです。五秒で済みます。

台を馬の横に置きますが、馬の様子を見ながらやってください。「臭いを嗅がせて確認させたから大丈夫」と思わないことです。

馬は臆病ではありませんが、驚きやすいのです。

「臭いを嗅がせてもらったけど、まさか腹の下に置くとは思わなかった」と、横目で見ているかもしれません。

そこに人が上がるとなると、凄く不安です。

不安が溜まって、いざ人が跨ろうとした時、走り出すかも知れません。

細かいでしょう。しつこいでしょう。

台を馬の横に置いた時、台をポンポンと叩いて「ここに置いたよ」と教えてあげてください。

以前から指導させていただいている神奈川の中田さん（仮名）が、久しぶりに遊びに来てくださった時、「三木田先生は必ずそうしていました」と話してくれました。

中田さんは、今も、乗る時はそうするそうです。

因みに、飛び乗る時に補助をする人は、右手は騎手の足、左手は手綱を持ってください。多少動いても大丈夫なように。むしろ、動くかも知れないという心の準備が大事です。細かいでしょう。無事故の為です。

図2 鞍

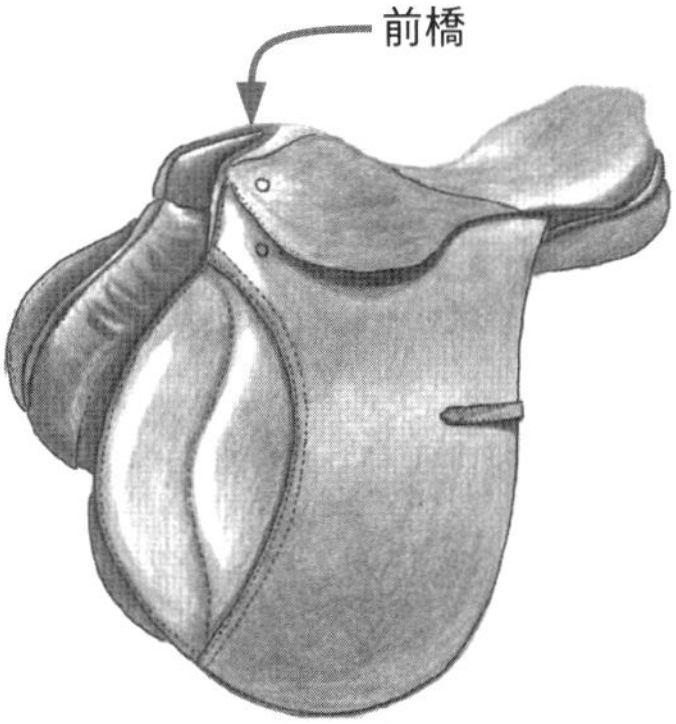

事故に遭うと、心の何処かに恐怖心が残ります。人は意志力で回復できますが、馬は簡単ではありません。恐怖心は消えません。それで生き延びて来たのですから。できるだけ丁寧に進めましょう。

何故そんなに丁寧にやるのか、生徒さんに話してあげるといいですね。

馬そのものを知ることで、安全への意識が高まり興味も増します。

さて、今度こそ乗ります。

最初だけでも補助者が付くといいですね。先生と二人掛かりです。一人は馬をしっかり保持します。

台に上がって、左手で手綱をとり、たてがみをしっかり握ります。

右手は鐙を持って足を入れた後、鞍の前橋《ぜんきょう》を持ちます。

一気に跨り、静かに座ります。ドンと座っちゃいけません。

「馬の上は意外と高いでしょう。ちょっと怖いですね」

先生も怖いんだと思うと、生徒さんは少し気持ちが楽になります。

これからの長い馬術人生、ずっと付きまとう課題が「リラックス」です。

リラックスが、一番難しい技術です。気持ちの問題ではなく、技術です。

ということは、身に付けるには何年も繰り返し練習しなければなりません。

怖いのだから、つかまるのは当たり前です。鞍にでもたてがみにでもつかまった方がいいです。

「背筋を伸ばして」と最初からやる必要はありません。

常歩しますが、

「大丈夫ですか。動きますよ」と断りましょう。

先生は生徒さんの様子をよく見て、絶対無理しないでください。

「怖かったら、言ってください」と、馬を歩かせます。

数歩で止まってもいいです。とにかく初めはゆっくりゆっくり。

深呼吸して、また歩きます。

「揺れるでしょう」

「常歩って想像以上に揺れるんですね」

「そうなんです。まだつかまっていていいですよ」

生徒さんの気持ちに寄り添ってあげましょう。

上手く行かなくてもいいんだと、思わせてあげるんです。

自分ができるからと、鼻の穴を膨らませるのは最低です。

大学馬術部などを見ていると、突然やって来て、学生に、

「こんなこともできないのか」

と胸を反らすＯＢがいます。

変です。それは指導ではありません。

できないから練習しています。できるようにしてあげるのが指導です。

「もう一度歩きますよ」

揺れると覚悟しているので、今度は常歩を続けられます。

雑談をするといいですね。気持ちが解れます。

全てリラックスの為です。

少し慣れてきたら次です。急ぐ必要はありませんよ。

「手を鞍から離せますか？」

つかまっている手を離してみます。

「不安ならつかまっていていいですからね」

と、逃げ道を作ってあげます。逃げ道があると勇気が出ます。自分に選択の自由があるからです。

「ぐらぐら揺れていいですよ」

余りに不安そうなら、馬の頸にロープを巻いてつかまってもらいます。鞍につかまると体が前かがみになるので、ロープの方がいいかもしれません。上体が真っすぐになり、常歩の動きに付いて行きやすくなります。

もっと早く言ってあげればよかったですね。

色々工夫してあげましょう。

生徒さんを、安全で楽しく上手にするのが先生の仕事です。

乗ってからまだ5分ぐらいかな。

常歩が相当揺れると分かって来たら、次です。

何とかリラックスして欲しいですね。

「リラックスの反対はなんですか？」

「力んでいるとか、固いとか」

生徒さん自身が言うように、全身ガチガチです。当然です。

そこへ無理難題を吹っかけます。

「自分のお尻が上下に動くのが分かりますか？」

「さっき下で見たでしょう、馬の腰が上下するのを」

「ハイ」

「右、左、右、左と上下していましたよね」

「ハイ」

「同じように、乗っている人のお尻も上がったり下がったりするんです」

「感じてみてください」

生徒さんは、一生懸命感じようとします。

頭の中が「こわい」で一杯だったのが、「馬の動きを感じよう」で満たされていきます。

「こわい」が減っていく分、リラックスが増します。

さらに、馬の動きを感じて合わせようとすると、今まで固まっていた体も動き始めます。

乗馬でのリラックスは、馬と一緒に動くということです。これ重要。

一番ダメなのは太もも、膝で馬体を挟むことです。挟むと全身が固まります。

私の父は軍隊で馬に乗っていたそうです。

「膝はがっちり締めるもの」と言っていました。

軍隊ではリラックスなんか考えもしないでしょう。もっと差し迫った危険があるのですから。

馬上体操

ここでまた無理難題。

「足を開いてみましょう」

膝を鞍から離します。

一回止まりましょう。止まって足の開き方を教えます。鐙は踏んだままです。

「私に足の裏を見せるように開いてください」

鏡に映しながら丁寧に教えてあげましょう。ロープを握ったままでいいです。

もう一度、常歩をします。

勇気を出して膝を開けたとたん、グラグラ揺れるはずです。如何に鞍に縋り付いていたかが分かります。

「そうそう、そうです」

と、すかさず褒めてあげましょう。

揺れる方がいいのだとは、誰も思いません。褒めてあげると、「ああそうか」となります。数歩進んだら、

「力を抜くだけで元に戻してください」

「じゃあもう一度」

「そうそう、いいですよ」

鐙は踏んだまま。その方が力が抜けます。

足を開くのがさほど難しくなくなったら、再び、

「お尻が上下するのが分かりますか」「下がる方を言ってください」

「足を開くとよく分かりますよ」

膝で挟んでいると、体の揺れが減り、分かりにくいのです。

「右、左、右、左」

「そうそう、合ってますよ」

左右の上下動を感じようとしていると、自然に腰が動き出します。

常歩は上下左右と前後の動きもあり、大変複雑です。

まだ前後はやっていません。次は前後も意識してもらいます。

馬を止めて、生徒さんの腰を前に押してあげます。ベルトの位置です。

「こんなに動かすんだ」

と生徒さんは思うようです。

「大きな常歩になると、もの凄く動きます」

もう一度常歩。

「力を抜いて、馬の動きに体を任せて。そうそう」

「腰が沈む時を言ってください」

「右、左、右、左」

「そうそう、合ってますよ」

どんどん褒めてあげましょう。褒めた分リラックスできます。

「思い切ってもう一つ体操を足します」

恐怖心はぐんと減っています。

「右手を前に真っすぐ伸ばして、そのまま上に上げて、耳に付けてください」

「その手を、一歩一歩後ろへ」

「一歩一歩、背腰を伸ばすんです」

数歩歩いたら手を変えます。

「次は難しいですよ。足を開くのと手を上げるのを、同時にやってください」

ロープは握ったままです。

「そうそう、馬に揺すってもらうんです」

数歩歩いたら、

「力を抜くだけで、手足を戻してください」

「そうそう、馬と一緒に動きながら」

数歩。

「ハイ手を変えて、足を開いて」

「呼吸してますか?」

数歩。

「手足を戻してください」

鏡に映して、

「見てください、綺麗でしょう」

リラックスして膝で挟まず、馬と一緒に動いています。

それがよい姿勢で、見た目にも綺麗になります。

綺麗と言われて不愉快な人はいません。

嬉しいと心が解れます。もう、最初の恐怖心はありません。

「ハイ、一回休めしましょう」

ここでまた雑談ができると最高です。

「ここまでで、何か質問ありますか？」

声を出すのも、リラックスに役立ちます。呼吸が関係しているのでしょうか？

よい姿勢の条件を、ミューゼラーが提案しています。日本語訳が難しいので、私は、

一、リラックス

二、バランス

三、人馬一体

と言っていました。「人馬一体とは馬と一緒に動くこと」と説明して来ましたが、英文ではFollowing the moving of horseとなっています。

友人が、ミューゼラーの英語版をプレゼントしてくれました。

本の題名は『Riding Logic』。

「Follow」

付いて行くという表現は分かりやすいですね。

これからは、リラックス、バランス、フォロウイングと言うようにします。

それにしても、フォロウを人馬一体の動きと訳したのですね。欧米には人馬一体という言葉は無いのかも知れません。日本語は素晴らしい。

手綱《たづな》

「手綱を持ちましょう」

次の段階です。手綱の持ち方を教えましょう。

「親指と人差し指で一番力が入るところで手綱を挟んでください。他の指は普通のグーにして、軽く握ります」

一番力が入るところを使うと、一番力が抜けます。これ重要。


「さっき下で歩き方を見ましたが、常歩の一番の特徴は、頭と頸を振ることでしたね。手を動かさずに固めていると、歩く度に馬の口にガツガツ当たります」

生徒さんは、馬の口に当ててはならじと固くなっています。

「手を前、前、前」と手を前に出すタイミングを言ってあげます。

「こっちを見てください」

手というよりも、腕の動きを見せてあげます。ピストン運動と言えば分かりますか？

「前、前、前」

前を強調しておきましょう。

腕の動きは「引く、引く」にも見えます。引いて欲しくないので前を強調しておきます。

「自分で言ってみてください」

「前、前、前」

手に意識が集中しているので、せっかく柔らかくなった体が固まっているかもしれませんが、今は多くを望まないことにしましょう。

最終的には、馬の口に柔らかく一定の力で触り続けたいですね。

馬を止めて、前に回り、両手綱を持って生徒さんと引っ張りっこをします。

「一番力が入る形になってください」

「そんなこと言ったって」

という顔です。

悪い例から。

「手の甲を上にして、肘をまっすぐ伸ばしてください」

「いいですか、引きますよ」

あっさり。肩から前へ倒れます。

次はよい例です。

「胸を開いて」「そうそう肩を後ろへ引く感じで」

「腕をダランと下におろして」「そうそう体に沿って」「肘を曲げて手を上げて」

「親指を上にして握ってください」

「ハイ、もう一度引きますよ」

強く引けます。さっきとは段違いです。一番力が入る形が、一番力が抜けます。

「その形から、手を前、後ろ、前、後ろ」「そうそう」

「ピストン運動ですね」

「肘から上の筋肉で、肘を前後に動かすのです」

常歩でやってみます。

「腕の動かし方はいいですよ。あとはタイミングですね」

努力目標を絞ります。

馬の頭の動きを見つめて真剣です。「前、前」と自分で言っています。

生徒さんが自分でやる。指導法としては最高です。そうなるように指差して導くのが指導ですね。

止めて、もう一度両手綱を握り合います。

「このぐらいの一定の力で、馬の口に触ってください」

「触る」という表現が適切だと思います。最後まで「引く」と思わないで欲しい。

常歩を続ける生徒さん。

「これは最高難度の技術です」

動く馬の口に一定の力で触り続けるのは、至難の業に決まっています。

馬の口に触ったことありますか?　柔らかいですよね。

「この馬は口が固い」

とよく言いますが、口が固い馬はいません。

じゃあ何処が固いのかと言うと、身体が固いのです。

じゃあ何故身体が固いのかと言うと、いつも理不尽なことを要求されて、頭の中が固まってしまったのです。だから歯を食いしばってしまい、顎を初め全身が固くなったのです。

ということは、それを改善するには、馬の精神面に働きかけることが大事です。

力ずくで見た目の形を良くしてもダメです。つまり、提案と納得です。

馬の口は柔らかいです。その柔らかい口に鉄の棒を入れるのです。

愛馬精神がカケラでもあれば、ガツガツ引くなんてことはできるはずがありません。そうでしょう。

馬の口に一定の力で柔らかく触り続けられる拳を、自分のものにしましょう。

「神の拳」と名付けられました。

この神聖な響きは最高です。カミノコブシ。

「神の拳を持つライダーを目指しましょう」

と、生徒さんに騎乗初日に提案しましょう。

馬術の術は芸術の術です。暴力とは対極のものです。

生徒さんの表情が、芸術家のそれになれば大成功です。

停止

さて、乗馬初日の最後です。クライマックス。

「止まってみます」「まだですよ」

「さっき引っ張りっこをした時の形を思い出してください。強く引かれても負けない形です」

「胸を開く、肘を曲げる、(踵を下げるも付けますが、まだ言っていません)」

「止まりたい時その形になって、腹筋に力を入れて、体を固くしてください」

「拳も握って」「手綱は引かないんですよ」

「いつでもいいです。自分のタイミングでやってみてください」

待ちます。

言った通りに形を決めて体を固くすると、馬は見事に止まりました。

「ワーッ」と感動の表情。

何も指示してないのに、愛撫、愛撫、愛撫。

そりゃそうです。止まるには手綱を引くものと思っていたのに、体を固くするだけで馬が止まってくれたんですから。

「人馬一体って、知っていますか？」

「聞いたことあります」

「今、馬はあなたのほんの少しの変化を感じ取ってくれたのです。究極の人馬一体です」

「ワーっ」と再びの感動。

初めての乗馬で究極の人馬一体です。乗馬を大好きになりますね。

下馬《げば》

「ふぅー」今日はこれでお終い。

馬から下りますが、下りる時も危ないです。半分下りようとした時、馬が動くかも知れません。鐙に足が深く入ったまま走り出すと大変です。

私がやってきた一番安全な下り方を提案します。

愛撫。手綱を短くし左手で握る。同時にたてがみも握る。

右手は前橋に置く。

両鐙を外す。両鐙を外すのが大事。

外してから右足を回し、左足に揃える。

両足が揃ってから、飛び下りる。

右足を回す時、腕力が足りなくて支えられなければ、腹這いになってもいいです。

それから同じように両足を揃えてから飛び下りる。

飛び下りる時転ぶかも知れないので、下の人が補助する準備をする。

細かいでしょう。

とにかく安全第一です。怪我をせず何度も乗れば、必ず上手になります。

「無事是名馬」

「無事是名人」

練習二日目

復習

「おはようございまーす」

生徒さんがにこにこしてやって来ました。

馬にも声をかけましょう。左斜め前から近づき、

「おはよう。今日も宜しくお願いします」

柔らかい声で、敵意が無いことを馬に知ってもらいましょう。

静かに側に寄り、頸すじを愛撫します。

一日目と同じように、慎重に丁寧に乗馬します。何百回やっても絶対手を抜かないこと。

何度も同じようにやることで、人も馬も安心します。

常歩。

先生が曳いてあげてください。何しろまだ二日目です。

「体、痛くないですか」

など、雑談で気持ちを解しましょう。

「馬上体操をしましょう」

足を真横に開きます。鐙は踏んだ方がいいです。

馬に揺すってもらって、腰、股関節が動くように意識してもらいます。

経験者で脚が前に出てしまう人も、この体操で直ります。腰、股関節が固いのです。解れれば騎座が深くなり、よくなります。

「脚を後ろに引いて」

とやると力が入ります。また、形にこだわると膝を曲げるだけになります。

乗馬歴が長くなっても、乗ったら必ずこの体操をするように教えます。

「全く開けない人もいますよ」

と言ってあげると、生徒さんはちょっと優越感にひたって、熱心に取り組みます。

本当に固く、腰が動かない人は、ベルトの辺りを後ろから押してあげましょう。

日常生活で腰を前後左右に動かす場面はそう多くないので、感覚が分かりにくいのかも知れないですね。

何度も確認しますが、とにかく足で挟まないようにしたいのです。挟んでいる限り柔らかく乗れないし、人馬の一体感は望めません。

挟んで鞍（馬）に固着するのではなく、体の柔らかさで馬の動きに付いて行けるようにしたいのです。

相手が動くのですから、こちらも動かなければなりません。馬の動きは予測不能です。椅子に座っているようにはいきません。

大げさに言えば、綱渡りの綱のようなものです。綱渡り師は綱の上で固まっていられません。バランスを取るために常に動いています。動いているから綱と一体になりバランスを保てるのです。名人ほど動きが小さく少なくなるようです。と言うより、動きが自然になるので小さく見えるのかも知れません。

これは馬術と同じですね。

「腰はこんなに動かすのですね」

となれば、しめたものです。

全てが初体験です。ためらいも遠慮もあります。できないのではありません。もう一つ、手を真っすぐ前に伸ばし、上にあげ耳に付ける体操も加えます。この二つの体操で十分です。他にやる必要はありません。

「馬上体操のやり過ぎはよくない」

と、ミューゼラーの本にもあります。

地上体操の重要性は、いくら言っても言い過ぎることはないともあります。

地上体操は柔軟性を増すためでもありますが、敏捷性、運動能力等、身体機能も増すのではないかと考えます。

相当上手な人が、日常的にジョギングをし、柔軟体操をしている姿はカッコいいです。そして乗ったら必ず馬上体操。

「だから一流なんですよね」

と言ってあげると、生徒さんは熱心に取り組みます。

馬術はオリンピック種目です。美しさを競うスポーツでもあります。美しい線を出すには強さも必要ですから、トレーニングは当たり前です。

馬にだけトレーニングさせるのでは、人馬一体とは言えません。筋肉トレーニングもした方がいいです。

「強さって、リラックスと真逆じゃないか?」

と思う人もいるでしょうね。

体操競技の選手を見てください。柔軟で美しい動きは、鍛え抜かれた体があってこそのものです。歩く時、背筋をしゃんと伸ばすだけでもトレーニングになります。

騎乗してまだ五分ですが、心身ともかなりリラックスできました。

「手綱を持ってください」

もう一度、手綱の持ち方を教えましょう。

「前回教えただろう」とやっちゃダメです。追いつめるのは下手なやり方です。

生徒さんとの間に、信頼関係ができるとぐんぐん上達し、難しい課題に自ら挑戦します。

まだ二日目の練習です。生徒さんは馬にも先生にも恐怖心を持っています。

恐怖心は大げさとしても「どんな人だろう?」と値踏みしています。

尊敬なんてとんでもない。先生だからって、初めから尊敬される訳がない。

「親切で、丁寧で、分かりやすい。そして何より楽しい」

これが最上級の指導者です。

「拳を前、前ですよ」
「常歩は頭頸を振る運動です」
「口にガツガツ当てないように」
「そうそう、いいですよ」

今は拳だけに集中してもらっていますが、拳を前後に動かすと、自然に腰が動きます。逆に拳が固定されると、腰の動きも悪くなります。

ですから、腰の動きが足りないなと思ったら、拳を動かしてもらうといいです。

また、拳は前、前です。引く、引くではありません。何度も言いましょう。

他の人の騎乗で、拳が前後に動いているのが、引く、引くに見えることがあります。同じ動きでもとらえ方が正反対です。

後々ハミ受け（フォームづくり）を覚える時「前、前」の考え方が欠けている人は、手綱を引っ張って形をつくろうとします。

この考え方を変えるのは、大変です。

「手綱を弛めるなんてとんでもない」と、考え方を変えられずに馬術人生を終える人が多いのではないでしょうか。

引っ張って形をつくろうとして、馬が抵抗すると、より強い道具を使い、愛馬を苦しめている例があまりにも多いです。

馬の権利を守るためにも、「拳を前へ」を、初心者にしっかり教えてあげたいものです。

「止まってみましょう」「まだですよ」

一日目の練習でやりました。でも、もう一度説明します。

「強く引ける形になってください」

「胸を開く、肘を曲げる、踵を下げる」

「肩を後ろに引くように」「拳を下げないで」「下半身の力を抜いて」

「腹筋を固めて」「拳を握って」「後ろに引くんじゃないですよ」

「準備ができたら止まってください」

待ちます。

上手くいかなかったらもう一度。

「自分のタイミングでいいですよ」

待ちます。

上の人の体が固まるのを馬に感じて欲しいのです。

拳も動きが止まると、頭頸が振りにくくなるのを馬に感じて欲しいのです。

そうは上手くいきません。

「自分の体を固めて、馬の頭頸の動きを止めるんですよ」

「そうそう、もう一つ足します」

「胸を開く、肘を曲げる、踵を下げる、そしてベルトの上を少し後ろに倒してください」

もう一度、馬の前で両手綱を持ち、生徒さんと引っ張りっこをします。

「そうです。ちょっとエビ反りですね」

「どうですか。この方が強く引けるでしょう」

さあもう一度、常歩からの停止をやってみましょう。

「そうそう、いいですよ。上手にできましたね」

「止まる時は？」ともう一度質問します。

「胸を開く、肘を曲げる、踵を下げる、そしてちょっとエビ反り」

と、生徒さんに言ってもらいます。

頭の中を整理して、常歩からの停止の練習を何度も繰り返しましょう。

「自分のタイミングでやってください」

生徒さんがやるのを見守ります。生徒さんは集中してやっています。

「上手くできたら褒めてあげてください」

何度も上手くできました。生徒さんも満足そうです。さかんに愛撫しています。

「いいですねえ」

と、生徒さんも褒めてあげましょう。

一〇パーセントでもできたら褒めてあげましょう。他の九〇パーセントはいつかできます。できなかったことにアドバイスをするのなら、

「これはできなかったけど、こっちは上手でしたね」

と、肯定的な言葉を後で言うようにすると、褒めたことになります。

「こっちは上手だったけど、これはできなかった」と言うと、全部否定したようにとられ

ます。言葉のマジックですね。

私は学校の先生でした。

「数学はいいけど、国語はだめだな」と「国語はだめだけど、数学はいいよなあ」では、使う単語は同じですが、後者の方が生徒の意欲は増します。

さらに少し役者になって、感動的に言うのです。生徒さんの成長は間違いなしです。

二日目の練習で「ブレーキは手綱だけじゃない」としっかり体感できました。

勿論手綱も使いますが、手綱が主じゃない。体を固めることが大事だと分かりました。

「腹筋を鍛えなきゃ」となれば大成功です。

半停止

さてもう一度常歩です。

常歩からの停止は上手になりました。

「次は、止まる程ではなく、ブレーキをかけてください」

「胸を開く、肘を曲げる、踵を下げる。ちょっとエビ反り、そして体を固める」

と、生徒さんに言ってもらいます。

馬の歩きがゆっくりになりました。馬も分かってきましたね。

「そうそう。ハイ今度は元気に歩かせてください」

「拳を前、前。頭頸を振りやすいように」

「踵を腹に当てて」

専門的には「歩度を縮める、伸ばす」ですが、初心者には簡単ではありません。

先生は馬を前に出す補助をしましょう。鞭で追うのです。

「そうそう、いいですよ。今元気になったの、分かりましたか?」

「ハイ」

「また、ゆっくりにして」

体を固めて、拳を握る。

「ハイ、元気に」

体を柔らかく、拳を前、前。踵を腹に。先生は鞭。

「歩度を縮め」「そうそうゆっくり」

「歩度を伸ばせ」「そうそう元気に」「頸を振らせて」

先生は補助。


ここで大事なのは、歩度の変化を感じてもらうことです。無感覚にただ機械的にやるのではありません。

また、初めから全部できる人はいません。

「歩度を伸ばせ」の時、伸びないからと脚を強く使わせてはダメです。全身に力が入り固くなるからです。固い、イコール止まれの合図になってしまいます。

今は体を固くしたり、柔らかくしたりすることと、拳の動きを小さくしたり大きくしたりすることを練習しています。

他のことは補助します。

指導する時、私は紐の付いた長い鞭を持ちます。追うためです。実は馬を前に出すのは難しいです。一番難しいかも知れません。だから補助します。

「今やっているのは半停止（半減却）と言います」

「半停止、半停止、半停止と繰り返すと全停止です。止まれです」

「馬術は、内方姿勢と半停止でできています」

と、厳かに言っておきます。

生徒さんが分かっても分からなくても、とりあえず言っておきます。

「先生、何を言ってたのかな?」と、後で考えるかもしれません。

「馬術は内方姿勢と半停止」

全く大胆にこの二つにしてみたら、考えが整理されて分かりやすくなりました。ほとんどこの二つの組み合わせで説明がつくんじゃないでしょうか。

二つしか無いので、その組み合わせは多様です。日本人の得意とする世界です。

三味線は3本の糸で、尺八も数個の穴で複雑な音を出します。微妙な技術を要するところは似ていると思います。

半停止は二つのうちの一つです。だから難しい。

難しい技術は、何千回も繰り返して初めて身に付きます。だから、できるだけ早く取り組むべきだと考えます。

今後どんな運動をするにも不可欠な技術です。難しいからと、後回しにはできません。

半停止は、縮め、伸ばしだけの技術ではありませんが、もう少し経験を積んでから、改めて説明します。

「自分で自由に、歩度の縮め伸ばしと停止をやってみてください」

原理、原則を示し、後は自分でやってもらいます。自分でやってみたいはずです。上手くいったりいかなかったり、失敗から学ぶことも多いのです。

上手く行かなければ「何故？」と考えます。それが大事。

考えている時、すぐには声をかけない。いよいよ困って助けを求めて来るまで待てれば大したものです。助けを求めやすい先生であるかどうかが問われますね。

余談。

「先生は大先輩で神様のような存在。でも友達のようでした」

と、言ってくれました。「絶対頭から否定せず、何でも聞いてくれた」と言うのです。

畜大で指導した卒業生たちのセリフです。

私は学生時代、馬術書を読み、自分でやってみたいと思っていたことを、先輩たちに先に言われるのが本当に嫌でした。

「もう少し時間をくれたらできるのに」

だから私は待ちます。

「学生はきっと自分でやりたいこと、今取り組んでいることがあるはずだ」

学生の馬には、頼まれない限り絶対乗りません。勿論、長靴《ちょうか》もきちっと履いて、拍車も着けて、何時でも乗れる準備はしています。乗りたそうな顔をしているかも知れません。でも、

「どら貸せ、乗ってやる」

とは言いません。

大学へ行き、何も教えず帰って来たこともありました。学生から何も聞かれなかったからです。帰りの一六〇キロはさすがに落ち込みました。何の役にも立てず、残念でなりませんでした。

生徒さんは、お金を払って習いに来ているのだからと、のべつ幕なしに声をかける必要はありません。

例えば、小学生の算数を見てあげる時、先生が「どらどら……」と答えまで出してしまっては何にもなりません。何処につまずいているのかを見極め、問題の解き方のヒントを与える。そして待つ。

待っていれば必ずできると見極めたなら、アドバイスしないのが一番のアドバイスです。

今日できなくても明日にはできるかも知れません。

自分の力で成功体験を積むのが、上達の秘訣です。

何故？　意欲が増すからです。

見放すのではありません。真剣に見ていて、上手く行った時には間髪入れず、

「そうそう、それでいいよ」

と声をかけてあげましょう。

生徒さんは、何がいいか分からないまま乗っていることが多いです。

「そうそう」と言ってくれて、初めて「ああこれでいいのか」となります。

「それダメあれダメ」と百回怒鳴るより、「それでいい」と一回言ってあげる方が、よほど効果があります。

それも、間髪入れずに言う。忘れた頃に言ってもダメです。

人馬のよい状態は長く続きません。また、そうそうよい状態にはなりません。

百点満点じゃなくても、五十点でも三十点でも「いいねえ」と言ってあげてください。

オリンピック選手でも、百点は出せないのですから。

「そうそう」「いいよ」「もう少し」と言ってあげるんです。

生徒さんとの信頼関係ができてくれば、見てくれていると感じるだけで上手くなります。たまたま見ていなくても「そうそう」と言ってあげるだけで上手くなるから不思議です。これは秘密ですので、口外無用でお願いします。


「歩幅が広くなるのが、歩度を伸ばせです」

「歩度を縮めは？」

「歩幅が狭くなるですか？」

正解。

ここで、歩度の伸縮の意味を説明しておきます。

「少し難しくなりますが」と断っておいて、

「エネルギーの量を変えずに、歩幅を変えるのです」

地上で先生がやって見せると分かりやすいかもしれません。大股で歩いたり小股になったりと、変化をつけます。

この時意識しなくても、大股で歩く時は腕を大きく振るはずです。小股の時、腕をたたんで振るのではないでしょうか。

さらに、「エネルギーの量を変えずに」と意識すると、大股から小股にする時、背筋がシャキッと伸び、膝が上がります。上に浮く感じです。そして大股に移行すると、少し前傾するかも知れません。重心も低くなるかも知れません。

同じように、歩度を伸ばす時、馬は頭頸を大きく振り、縮める時は頭頸を少し高くして振りを小さくします。

「歩度を伸ばせ」と号令をかけたなら、同時に「頭頸を振らせて」と、必ず付け加えます。脚で推進しますが、頭頸を振れなければ歩幅を広げられません。

歩度を縮める時は「頭頸を高くするつもりで」と付け加えます。また、推進をやめるのではありません。推進がなくなると、ただノロノロした歩きになります。

エネルギーの量は変えずに、エネルギーの向きを変えるのです。これ重要。

後で、速歩や駈歩でも歩度の伸縮をやりますが、考え方は同じです。

障害飛越も、前に向かうエネルギーを上に向けます。同じですね。

考え方を知っておくと、いつか必ずできるようになります。

「歩くリズムが変わらないことも大事です」

地上で色々やって、生徒さんに見せてあげてください。先生も役者にならなきゃ。

生徒さんが何となくのイメージを持てればよいのです。生徒さんも地上でイメージトレーニングをするとよいですね。

高度なことですが、努力目標は高い方がよいです。意欲が増します。

「やってみましょう」

自由にやってもらって、待って、「そうそういいですよ」です。

曲がる練習

「復習しましょう」

手綱は長いままで常歩です。

「腰の浮き沈みが分かりますか？」

しばし感じてもらって。

「目で追わないで」

正解を言いたいので、肢の動きを見てしまうのです。

「ゆっくりでいいですよ」

自分の腰が沈むのを感じて欲しいのです。

「右、左、右、左」

「そうそう合ってます」

「右、左、右、左」

「そのまま続けてください。いいですか。真っすぐ行く時は左右五〇パーセントずつです」

「右五〇、左五〇、右五〇、左五〇」

「曲がる時は、その割合を変えます。例えば右に行くなら、右七〇、左三〇、右七〇、左三〇です」

「七〇、三〇、七〇、三〇」

やってみますが、馬は反応しません。そう簡単ではありません。

馬場柵に沿って歩いていると、柵から離れるのは難しいので、柵から離れてやってみましょう。

五〇、五〇から七〇、三〇へ。

なかなかできません。いいんです。あせらずに。

「手綱を持ちましょう」

「行きたい方に拳を真横に開いてください」

五〇、五〇から七〇、三〇へ。同時に手綱を開く。

「そうそう」

今度は上手くいきました。

「次は反対に曲がってみましょう」

五〇、五〇から左七〇、右三〇へ。同時に手綱を開く。

「そうそう、いいですよ」

「柵に寄らないようにして、自由にやってみてください」

初めは手綱が主でもいいです。重心の移動にも意識が行くように。

今、七〇、三〇、七〇、三〇と言っている側の馬体が沈んでいます。

ということは、その側の肢が浮いています。

浮いている時に重心がかかるので、前肢がズレて着地します。その繰り返しで方向が変わるのです。まだ説明しきれない部分もありますが、このイメージで方向を変えられるのは事実です。

上手になると手綱はほんの少しの作用で済みます。

馬にとっては、重心が傾けば、その方向に曲がるのは本能的なことです。苦痛は全くありません。

馬上で人の動きが馬の動きと合っていなかったり、バランスが崩れたりしていると、馬はそれを補って歩いてくれます。いつもいつもそうしていると、人が微妙に重心の位置を変えても、気づいてくれなくなります。

感覚が鈍くなっているんです。

でも大丈夫です。

手綱を補助的に使って、丁寧に何度も何度もやってみましょう。

「ン？　何かやってるな」

馬は気づき、次第に理解し始めます。もともと本能的なことなので、一旦気づけばもう大丈夫です。

「はいはい、分かりましたよ」

とやってくれます。

ただ、人があまり過度に重心を傾けると、馬が補おうとして、逆方向に行くことがあります。

それを利用した運動もありますが、複雑になりますので、今は言わないことにします。

「手綱はブレーキとハンドルとして使う」と思っていた生徒さんは、ビックリです。

あくまでも補助として使うので、口に優しく、馬に優しく、生徒さんは大いに納得するはずです。

納得は意欲を生みます。意欲的に練習するので精度が増し、得も言われぬ「人馬一体の感覚」を得るはずです。

兵庫から来てくださった生徒さん・森田さん（仮名）に教えてあげると、何日も何日も常歩をしていました。退屈だと思っていた常歩が、面白くてたまらないと言うのです。

ほんの少しの自分の変化を、馬が感じ取ってくれる。

馬と向き合って、話をしているようなものです。

人間の世界は計算づくや裏切りだったりと、百パーセントは信じられないことが多くあります。でも馬にはそれはありません。

優しく丁寧にやってあげた分、馬は必ず応えてくれます。

馬術にのめり込んでしまいますね。

二日目の練習でそこまで行けたら、言うことなしです。

最上級の指導です。

後で知るのですが、森田さんは、審判員の資格を持った経験豊富な方でした。


ここで、指導する上での最重要なことを確認しておきましょう。

例えば生徒さんが止まれの合図を出しても、馬が反応してくれなければ、結局強く引いて止めるしかありません。

胸を開き、肘をまげ、踵を下げ、体を固めても止まらなければ、言っていることが嘘になります。

歩度を伸ばそうと思って、拳を前へ前へと出して頭頸を振らせ、踵を腹に当てても、馬が歩いてくれなければ、結局強く蹴り、鞭で叩いてしまいます。

「ハエがとまっても分かりますよ」

と言っても、信じてもらえません。

それでは、これから長く続けて欲しい馬術が、力ずくになってしまい、微妙な感覚は得られません。

「十年以上乗っています」

と言う人が、そうなっているのを見るのは辛いです。人も馬も可哀想です。

そうならないよう、特に初心者には、きちんと反応する馬に乗せてあげたいものです。乗り始めから、微妙な感覚で乗れるのだと知ってもらいましょう。

微妙な感覚は、指導者がいくら口で言っても伝わりません。それを教えられるのは、馬だけです。

そういう意味で、本当の先生は馬です。

そういう馬を用意できるのが、優秀な指導者だと思います。

回転

「今日は、曲がる時の手綱の使い方を練習します」

その日の練習の内容を告げると、生徒さんは楽ですね。また、始める前に、

「今までの練習で、質問がありませんか」

と聞いてあげましょう。

まだ乗っていません。

乗る前に勒を見てもらいます。水勒《すいろく》です。普段はハミと言います。

二個の輪を金属の棒でつないでいます。棒には色々ありますが、二本の棒が真ん中でつながっているものが一般的です。

その棒を口の中に入れます。

馬の唇を少しめくって、口の中を見てみましょう。

前歯があって、歯の無い部分があって、奥歯が並んでいます。犬歯もありますね。

「歯が無いところがあるんですか？」

と驚く人が多いです。驚ける人は伸びます。きっと自分で勉強すると思います。

「そうなんです。ビックリしますねえ」

と、先生が驚いてあげましょう。

興味を持って欲しいから、時々演技もするのです。

「前歯で草を引きちぎって、奥歯で咀嚼するんでしょうね」

「ふーん」

興味が薄いようです。そういう時はクイズです。皆さんクイズ好きですから。

「歯は何本あるでしょう」

もう一度唇をめくって見せてあげましょう。

「前歯は一、二、三……、六本ですか?」

正解。

奥歯は見えませんが、やっぱり六本が二列あります。

「ということは、上下あるので六×六で三十六本ですね」

正解。

それと牡馬は犬歯が四本。

もうこれだけで、「馬知り博士」として自慢できますね。

何と言っても、前歯と奥歯の間に歯が無い部分(歯槽間縁)があることを知ってもらいましょう。

「因みに牛は、上顎に前歯がありません」

エーッですよね。大抵の人はビックリします。

さて馬の話。

「ハミは、この歯の無いところに入れます」

「ここに棒を入れれば、制御しやすくなるかも知れない」と、誰かが考えたのでしょう。

馬にすれば、苦痛の歴史の始まりです。

「一度ハミを口にくわえてみてください」

馬の大変さ・辛さが身に沁みます。鉄の棒を無理やり口に入れられて、ガツガツ引かれるのです。

「やめてくれー」と叫んでいるはずです。

実際馬は叫んでいます。ハミを着けるのを嫌がる馬がいます。頭を高く上げたり、振ったりする馬もいます。そうやって「嫌だ」と表現しているのです。

「ハミを着けて、また痛い思いをさせるんだろう」

乗ると手綱をガツガツ引いてくる馬がいます。

「口が痛いから引かないでください。頼むから引かないでください」

と言っているのです。

馬が頼んでいるのに、全く気づかない人が多いです。気づいてあげてください。

馬は口が痛くて辛くても、ガツガツ引くしか表現方法がありません。

それを人間は、「口向きが悪い」だの「口が固い」だのと馬のせいにします。

自分の無神経さや鈍感さを棚に上げ、更に強いハミを使おうとします。更に痛い目にあわせようというのです。

「俺はこんなハミを使っているんだ」と得意気な人までいます。

苦痛から逃れようとして口を開けると、今度は口の周りをガッチリ縛り上げてしまう。まるで拷問です。

「痛いならガツガツ引いてこなきゃいいだろ」とあくまでも馬の責任にする。

私も若い頃そうしていたのかと思うと、ぞっとします。何も知らない若造だったのです。ごめんなさい。馬たちに心からお詫びします。

種馬だったピットボーイとの出会いが、私に反省する姿勢を教えてくれました。

ピットボーイは強い意志を持ち、能力に溢れていました。

父はテスコボーイ。天馬トウショウボーイと兄弟です。名血中の名血。

よい馬がいるというので見に行きました。放牧地で草を食んでいたのですが、私が柵の中に入っても、全く見ようとしません。

普通、馬は警戒心が強いので、誰か行くと確認のために見るものです。

「オマエなんかに興味はない」


圧倒されるほどの存在感。どうしても乗ってみたいと思いました。

去勢はしましたが、一度種馬を経験しているからか、なかなか野生の本能が消えず、馬力も凄い。そこそこ乗れると思っていた四十代の私は、全くダメ。軽速歩もできません。動きに付いていけないのです。再び学生時代の血の特訓を自らに課しました。

いくらか良くなったと喜んでも、ハミ受けが安定しません。

「ああ、いいかな」と思っても、すぐガツガツとくるのです。悩みました。

「なんだコノヤロー」とも思いましたが、どうやってもダメでした。

今思って自分ながら偉かったのは、道具に走らなかったことと、絶対にピットの動きを小さくしないと決めていたことです。

「自分が未熟なだけだ。名血を何とかしようなんて百年早い」

「宜しくお願いします」

とピット様に頭を下げて、乗せていただく日々。

その頃の私は、競走馬を育成する若者を訓練する研修所の教官でした。

朝五時に集合しランニング。私も走ります。ランニングは距離も速さも自由。全員並んで走ることはしません。一人一人能力も意欲も違います。

夕方五時に整列。「ご苦労様でした」と挨拶し、その日の訓練は終了。研修生もスタッフも帰ります。

そこからピットに乗りました。自分のための練習だから、勤務時間内には乗るべきではないと考えたのです。

土曜日の研修は昼まで。研修生が帰った後、障害を並べ、練習し、ピットを水洗いし、乾くまで曳き馬し、手入れし、障害を片付け、一人で数時間黙々とやりました。

「総合馬として国際級の力がある」とＪＲＡの先生の折り紙つきです。

「そりゃそうだ、テスコボーイの子だもの」

当時でも貴重なアラブ種。何処となく王者の風格。

ピットに、乗せていただきますと頭を下げられるようになってから、ガツガツとハミを引いて来ても、私は抵抗しなくなっていたように思います。来たら来たなりに、柳に風の如く、ピットの口に触り続けていました。勝算があってやっていた訳じゃありません。

「痛くしないようにしよう」

ただそう思っていたのでしょう。自分のことですが、断言はできません。何しろ暗中模索だったのですから。

十年も乗ったでしょうか。いつの間にかハミ受けが安定していることに気がつきました。

赤ちゃんの、吸いつくような瑞々しい肌とでも言うか。

「コイツはガツガツ引いて来ないな」

とピットが気づいてくれたのだと思います。私に意識を向けてくれるようになりました。

そうなると話は速い。

「どうして欲しいんだ？」

「実はこうして欲しいのですが」

「何だそんなことか。早く言えばいいのに」

ピット様はアラブの王様の御子息のような身分ですが、馬術を知りません。

私は身分は低いのですが、馬術では先生です。御子息に馬術をお教えさせていただきました。

御子息は頭脳明晰、天賦の才に恵まれたお方、どんどん吸収していただけました。

このピットとのやり取りの中で得た拳、つまり、馬の口がどんな動きをしようと一定の圧力で付いて行く方法を、他の馬でも試してみました。

どの馬もほとんど例外なくガツガツ引いてきます。

「可哀想に、強く引かれていたんだなあ」

と思えるようになっていました。

抵抗せずにひたすら柔らかく付いていく。同じ強さで、馬の口に触り続けるのです。口の位置が何処に行こうと、とにかく同じ強さで触り続ける。

時には手綱を全部伸ばす時もあります。

「痛かっただろう、ごめんな」

「コイツはガツンと引かないぞ」

と、馬に気づいてもらうのです。

乗った瞬間に分かってくれる馬もいます。ナインティがそうでした。

「先生が乗ると耳を伏せませんね」

と、学生が感動した馬です。

時間がかかる馬もいます。同じ強さで触り続け、忍耐強く待ちます。

常歩でも速歩でもよいです。とにかく柔らかく触り続けます。

絶対痛くしません。

でも、こちらが丁寧に忍耐強く対話を求めているのに、何日たっても応じない馬がまれにいます。そういう馬には「いい加減にしなさい」と諭します。

ガッと来た時に、強く拳を握り抵抗します。後ろに引くのではありません。

「ここに合わせなさい」と、どうして欲しいか明確に示すのです。

大抵の馬は分かります。丁寧に忍耐強くやった上でのことです。

馬も人と心を通わせたいのです。仲良くしたいのです。

今まで誰も心の中に入って来なかったので、戸惑っているのです。

照れているのかも知れません。私はそう感じます。

対話が始まれば、馬の口と拳が吸いつくような感触になります。

「神の拳」と学生が命名してくれました。私は神の拳を持つ男になりました。

神の拳は秘伝中の秘伝です。誰にでも語っていますから、もう秘伝じゃないですね。多くの人に知って欲しいです。馬たちは大変楽になるでしょう。

今日は、曲がる時の手綱の使い方の練習でしたね。

進行方向に馬の顔を向けるように使うのが原則です。顔の正面を進行方向に向けるのです。

手綱をどう使うか、まず生徒さんに聞いてみましょう。まだ馬に乗っていません。

「右へ進む時は？」

「右の手綱を引きます」

常識的な答えです。

「自分の顔でやってみましょう」

自分の口に、左右の人差し指をひっかけて、右を引いてみましょう。

「右に向けましたか？」

仮に右に向いたとしたら、結果として左の口を強く引いていませんか？

「ダメダメ、左手を動かしちゃダメです」

顔を右に向けようとすると、左の口が引かれて痛いので、左手が前に出るのが自然です。

そこにヒントがあります。

「もう一度やってみましょう」

左右の口角に左右の人差し指をひっかけて右に向いてみます。

まず左右の口にかかる圧を変えないことを前提にしてください。

その上で、右に向くには、まず左の指を弛めていませんか？　それが道理です。圧を変えないのが原則ですから、弛めた分顔は右に向きます。

右に向いた分、右の口の圧が軽くなりますので、引いて圧を変えないようにします。分かりますか？　左を弛めただけで右に向きませんか？　それも道理です。

右に向くにはまず、左を弛めるのがポイントなのです。

馬に戻って考えます。

馬の顔を右に向けるには、左手を前に出し、右手を後ろに引きます。

馬術的に言えば、まず左の手綱を弛める。

馬の顔が右に向き、右の手綱が弛むので、弛まないように控える。

そして更に馬術的に、左の圧《お》し手綱です（「押す」の字を使うのかも知れませんが、ここでは意味から「圧す」の字を使います）。

手前が変われば、左右は入れ替わります。

もう一度整理します。

一、外方手綱を弛める。

二、内方手綱を控える。

三、外方の圧し手綱を使う。

「弛める」「控える」「圧し手綱」と覚えてください。

この三つに時差はほとんどありませんが、順番は変わりません。

右利きの人は、左手の動きが鈍いので、左手綱を弛めるのが難しいようです。

左手綱が弛められないまま右を引かれると、馬は本当は右に向きにくいのです。でも騎手はそれに気づかず、もっと強く右を引いてしまいます。馬は、右内方の運動の度に痛い思いをさせられていることになります。

「この馬、右が固い」と処理されて終わりです。

誰のせいですか。ちょっと立ち止まって考えてみましょう。

右内方姿勢が取りにくい馬の、なんと多いことか。

両手を自由に使えるように、自分の訓練をしてください。相当やらなければ、左右均等で、柔らかい馬はつくれません。

「ゆるめる、ひかえる、おしたづな」と、町を歩く時もブツブツやってください。

私は、左手を自由に使えるようになりたくて、左手で字を書く、箸を使う、歯を磨くと何でもやりました。今でも、納豆をかき混ぜるのは左手ですし、プロテインを水に溶く時のシェーカーを振るのも左手です。随分上手になりました。


さて、そろそろ乗ってみましょうか。

「自分で考えて好きなようにやってください」

簡単ではありません。

「ゆるめる、ひかえる、おしたづな」

声に出して、一つ一つ確かめながらです。手前を変える度に混乱します。

待ちます。声をかけずに見ていましょう。

「ああ違う」と思っても待ちます。

技術は繰り返しです。ガチガチに意識して何度も繰り返します。何度失敗してもいいです。意識してやっていて、無意識になれば会得したことになります。

失敗は本人が分かります。分かっているのだから、いちいち言わないことです。

「顔を進行方向に向けて」

よほど混乱しているとみたら、肝心なことだけ言います。

今日中にできなくてもよいです。また、できる訳がありません。

馬から下りてからも気になって、町で角を曲がる時つい、「ゆるめる、ひかえる、おしたづな」と言ってしまうかも知れません。夢にまで出てくるようになれば、指導は成功です。

去年、高校生の福沢さん（仮名）に教えてあげたら、「回転がスムーズになりました」と喜んでいました。

内方姿勢

まだ教えていないことが二つあります。

内方姿勢と生徒さんの目線です。

拳の使い方で一杯一杯ですので、今は言いませんが、後で知ってもらわなければなりません。

馬は曲がる時、内方姿勢をとります。

馬体は長いので直角には曲がれません。曲がる時は輪線運動と言って、円周上を進みます。馬場の角を曲がる時も、円の四分の一を進みます。勿論円運動の時は、円の上を進みます。

その円の上に乗っている状態を、内方姿勢と言います。

特別なことではありません。

馬場に円を描き、曳き馬でその上を歩かせて、高い所からビデオで撮りました。

見事に円周上に乗っていました。

見事と言うのも変ですね。全く自然な動きです。

馬の顔が進行方向に向いていれば、馬は自然に内方姿勢になります。

人工的なものではありません。

馬の自然な動きに体を委ねていれば、騎手も自然に内方姿勢になるはずです。あ、言い

忘れていますね。騎手も内方姿勢になる必要があります。人馬の調和のためです。

体を委ねるのですから、リラックスしていることが大事です。

ですから私は、内方姿勢のことは言いません。言わない方がいいようです。

言わなくてもできているのに、余計なことを言うとリラックスが損なわれます。

これは私の提案です。

「内方脚はここ、外方脚はここ、腰はどうの……」と、馬に乗り始めの頃、私も教えられたし、長い間教えていました。教えなければと考えていました。

でも小さい子が乗っているのを見ると、馬は円運動を楽々とやっています。ということは、その子も内方姿勢をとっていると見ていいと思います。

勿論その子は内方姿勢なんか知りません。

あっちこっちと走りまわって楽しそうです。馬も楽しげです。

「素晴らしい。パーフェクト」

ここで訂正しておきます。

内方姿勢は教えないのではなく、もう少し後で、必要になってから教えてあげたらどうかと思うのです。

例えば二蹄跡運動とか、駈歩発進とか。

何故そこまで言うのか?

リラックスを大事にしたいのです。リラックスを優先したいのです。

異論はあるでしょうが、一度考えてみてください。

三木田乗馬学校を始めて間もない頃、東京から坂井さん（仮名）ご夫婦が来てくださいました。

東京の乗馬クラブで乗っているとのこと。

「隅角通過が上手くできません」

馬場に横木を直角に置いて、ご主人に乗ってもらいました。

奥様は私と一緒に見ています。

これは私のやり方です。一人が乗っている時、乗っていない人は私の側にいてもらい説明します。

学生の練習では二十数人、私の周りにいます。私の近くの場所をとろうとせめぎ合いがあります。そうでなきゃ。そのぐらい熱心じゃなきゃ、本当のことは分かりません。

以前、大会会場で学生のための講習がありました。私は社会人でしたが見学させてもらいました。講師先生は外国の方でした。実際に馬に乗って教えてくれました。

学生は三十人ぐらい、大きく輪になって見ていました。私は、一言も聞き漏らしたくないので、いつの間にか通訳の人の側にいました。勿論通訳の人は先生の話を聞くために、馬と一緒に動いています。

先生が馬から下りる時、馬を保持したのは私でした。私が一番近くにいたからです。何故学生ではなかったのでしょう？　学生はビデオで撮影して、後で見るからいいと思ったのでしょうか？　何か物足りないですね。

さて坂井さんです。直線を常歩で進み、横木で作った隅角に入ります。習った通りだと思うのですが、騎手が内方姿勢になろうとして、拳の形・位置、腰、内方脚、外方脚の位置を決めます。

馬はそれに従おうとするのですが、隅角を上手に回れません。自然な内方姿勢になれないのです。

「ナルホド」

一緒に見ている奥様に、「上手くいかない原因が分かりますか？」と聞いてみます。分からないから教えて欲しいと言っているのに。

「隅角通過の際、人が内方姿勢を意識し過ぎて、体が固くなっています」

乗っているご主人にも一緒に説明します。

「体が固まるイコール止まれなんです」

馬は指示通りに止まろうとします。

人は、止まれと言った覚えはないと蹴ります。蹴ろうとすると更に体が固くなります。

馬は止まれだと思う、人は蹴る。悪の連鎖です。

それと、できるだけ深く回ろうとして、内方脚を強く使おうとします。それでまた体が固まるのと、時としてお尻が外方にズレる結果になります。

馬の背の中心より外へ座ってしまうということです。

人馬のバランスが悪くなります。

「全部やめて手綱操作だけで、馬の顔を進行方向に向けてください」

手綱の使い方を説明して、もう一度やってもらいました。

スムーズにいきました。

「いいですね」

奥様が感動しています。

「上手にできたよ」とご主人に伝えます。奥様も乗ってみたそうです。

乗りかわってやってみます。やはり上手にできました。手前を変えても上手にできました。あまりにもあっさり答えが出てしまいました。

何もされなくなり、馬が歩きやすくなったのです。

元気に歩いて、顔が進行方向に向けば、自然に内方姿勢になります。

元気に歩いてもらうには、体を柔らかく、リラックスして乗ることが大事ですね。

それが一番強い扶助です。もしどうしても足りなかったら脚で補う。

元気に歩いていることが何より大事です。

外に馬場柵を置いてやるのと、屋内で壁を蹄跡にしてやるのとでは、幾らか違いがあるのではないかと思います。

人は馬の顔から一メートル以上も後ろに座っていますので、壁との距離感が違うと思うのです。人がもっと深く回れるだろうと思っても、馬にしてみれば、壁が近過ぎると思うかも知れません。

十分調教が進んだ馬なら問題ないでしょうが、そういうことを考えてあげるのも、馬との信頼関係を築くのにいいと思います。

坂井さんご夫妻は、その後、何度もご友人と一緒に来てくださいました。

乗馬学校を閉めた今も、質問をいただいています。有難いですね。

そして何と、東京を引き払って、今後はこちらで馬の仕事をするそうです。凄い。

視線

もう一つは騎手の視線です。乗っていて何処を見るかです。

これも教えない方がいいかも知れません。自然なのがいいのです。

三木田乗馬学校に来てくれた人で、経験者の大半は馬を見ませんでした。

「下を見るな」と教えられていたのだと思います。

「見るな」と言われると、そのことばかりに意識がいき、顔、首、肩の辺りがガチガチになってしまいます。呼吸をすることさえ、ためらっているのではないかと思うほどです。

もし必要なら「見るな」ではなく「○○を見てください」と教えてあげた方がいいと思います。

馬に乗っているのに、馬を見ないのは不自然です。

「耳を見てください」

と私は言います。

馬の心の動きが耳に出るからです。細かいところまでは分かりませんが、怒っているかどうかぐらいは分かります。

「耳とお話しするつもりで」

馬を見なくても、馬を感じられる人はいるかも知れませんが、私は自信がありません。勿論、眼だけには頼りませんが、五感総出で馬を感じるようにした方がいいと思います。

世界のトップライダーの映像では、馬を見ているように見えます。特に練習の時は常に見ています。それは「下を見ている」ように見えます。

トップライダーに「下を見るな」と言えますか？

私が思うに、下を見るのが悪いのではなく、頭が前に下がるのが悪いのではないでしょうか。頭は重いので前に下がると、補おうとして体の線が崩れます。

それがダメなのではないでしょうか。

もしそうだとしたら、そのように説明してあげるといいと思います。

騎手の視線で、もう一つ大事なことがあります。

「馬の眼になってあげる」

人が乗ると、馬は進行方向を決める権利を失います。何処へ向かうかは全部騎手が決めます。それで馬に代わってしっかり進行方向を見てあげて欲しいのです。

障害競技の時、どの障害を飛ぶのか馬は決められません。決めて馬に教えるのは騎手です。「馬の眼になる」とはそういうことです。

速く決めて、迷いなく馬に伝えなければなりません。馬の眼になると決めていると、馬に対する責任もあるので、下見をしっかりするだろうし、経路を間違えるなんてことにはならないと思います。

普段の練習でも同じです。馬と一緒にやるのです。

馬の視野は人間よりはるかに広いので、周囲の安全確認は馬もしてくれますが、騎手も馬上で余裕が出てきたら、周囲の安全確認をしましょう。

野外でゆったり馬を進めながら、花や鳥を楽しむ時のようにするのです。

安全確認と言えば、馬は眼よりも耳を使っているようです。

大きな耳を左右自由に動かして音をとらえています。何キロも先の音が聞こえると言われています。

馬の耳の動きを見ていれば、危険を察知できるかも知れませんね。

速歩《はやあし》

速歩の練習を始めます。

軽速歩から始めます。正反撞は苦しいので後にします。

私が馬術を知ったのは大学に入ってからです。

大学に入るまで「馬術」というものがあることさえ知りませんでした。

実家には農耕用の馬がいたので、小さい頃から馬と遊んでいました。

ただ楽しいから乗っていました。完全な遊びです。馬が好きだったのです。

初めの頃は、誰かが馬の背に乗せてくれたのだろうと思います。たてがみに手が届くようになると、馬の膝に足をかけて飛び乗っていました。勿論、裸馬です。

今はほとんど、習い事として乗馬を始めるのではないでしょうか。初めから先生がいて、鞍の付いた馬で馬術を習う。それしか道が無いから仕方ないけれど、何だか可哀想に思います。

たまに、裸馬のポニーに乗って遊んでいる子供たちの写真などを見ます。楽しそうでいいなあと思います。ほとんど海外の様子ですが。

どんなスポーツも最初は遊びだったのです。駆けっこが陸上競技になり、チャンバラが剣道になりました。

だから遊びから入るのが理想で、その要素を無くさない方がいいと思います。私は大学馬術部を指導する時、馬で鬼ごっこなどもさせました。最高に楽しそうでした。

ちなみに、私は馬で怪我をしたことがありません。これは自慢してもいいでしょう。

小さい頃から身近に馬がいて、遊び相手になってもらっていたので、いつの間にか馬をよく知ることができ、馬も、私を遊び相手として見てくれていたのじゃないかなあ。

だから、怪我をするようなことにならなかったのだと思います。

学生時代に戻りますが、速歩は正反撞からでした。

鞍の付いた馬に乗るのも初めてで、正反撞はただただ苦痛でした。

バランスが崩れるので落ちまいとして当然足で馬体を挟みます。裸馬ならそれで良かったのですが、鞍がついているので、擦れて膝や内ももが血だらけでした。カットバンなんてものは無く、治療のしようもありません。少し乾いたと思ったらまた正反撞。鞍も固かったので、お尻も剥けます。血で固まって、パンツにくっつくのです。いざという時、パンツをすぐ脱げません。

「つかまるなー」と注意され、随分落馬もしました。

「昨日三回　今日また五回　明日は何回落ちるやら
落ちてはまた乗り　乗っては落ちて　膝は擦りむけ　血がにじむ」

（「シーハイルの歌」のメロディで、作詞は三木田）

当時一年生仲間と撮った写真を見ると、皆、膝が真っ黒です。

乗馬ズボンはまだ買えず、白いトレーニングパンツで、膝の辺りが血で染まっていました。写真は白黒の時代です。

そんなこんなで私の頭には、正反撞は痛くて辛いものと刷りこまれました。

初めての軽速歩は夏休み前でした。

「ああ気持ちいい」

初めて馬術が楽しいと思えた瞬間でした。

それで私は今、速歩は軽速歩から始めることにしています。

軽《けい》速《はや》歩《あし》

生徒さんが軽速歩を見たことがないとしたら、まず先生が乗って手本を見せましょう。

「速歩は二拍子です」と、この時教えてあげます。

対角の肢、つまり右前肢と左後肢、左前肢と右後肢が同時に前へ出ます。

対角で肢が動くので、左右の揺れはなく、上下動だけになります。

「一、二、一、二」と声に出して、二拍子を教えます。

「お尻がついた時が一で、二で立ちます」

「一、二、一、二」

軽々とやって見せましょう。

「演歌が合うんですよ」

二拍子、四拍子の歌が合います。

歌を歌うのは最高の練習方法です。いや本当です。リズムをつかめますし、何と言っても楽しい。

さて、生徒さんと代わりましょう。

鐙を少し短めにします。長いと立つのが大変です。鐙に立てないと、膝で挟んで立とうとします。最終的には膝でつかまらないバランスを会得したいので、しっかり踏める長さにします。

勿論短すぎるのはダメです。

じゃあどうやって長さを決めるかと言うと、試行錯誤です。

長さを変える勇気さえ持っていればいいです。案外大きな勇気です。

「もうこれでいいや」と思った瞬間、成長は止まります。

学生の指導の時など、私は何度も馬装点検を許します。

「馬装点検が必要な人は……」と言います。

決して「誰々は鐙が長いぞ」とは言いません。

自分で判断して、自分で決められるようになって欲しいからです。

馬装点検は練習の最初だけでいいと言う指導者が多いです。それでいいのかなあ。

勇気を持たなきゃならないのは、先生の方かも知れませんね。


さて生徒さん、軽速歩をしてみましょう。

大人しい馬を選びます。

なかなか自分で速歩に出せないと思いますので、先生は追って出してあげましょう。

出たら「一、二、一、二」です。

上手くできるはずがありません。リズムはバラバラだし、鐙には立てません。

上手くいかなくても、しばらく見ていましょう。生徒さんが自分で考えてやってみることが大事だと思います。

一汗かいた後、馬を止めて説明します。

「鞍に座った時はバランスがとれますね。立った時もバランスが取れた方がいいですが、難しいですね」

「はい」

「立ってみましょう」

立てません。

立つにはまず、上体を前に傾けてヨッコイショです。

立っても前に倒れてしまうか、すぐ鞍に戻ってしまうかです。

「鐙の上で、地面に立つのと同じ姿勢になってみましょう」

鏡があるといいですね。

立ちます。真っすぐ立とうとして胸を反らせますが、おしりが後ろに引けています。鏡に映してもなかなか上手く立てません。

「いいですか、お尻押しますよ」

必ず断ってくださいよ。問題になりますから。

「どうですか、真っすぐでしょう」

鏡で確認します。見た目に真っすぐですが、生徒さんにとってはエビ反り状態です。

速歩になれば、跳ね上げてくれますが、止まっている時立つのは簡単ではありません。必ず上体を前に倒さなければなりません。

ここで補助ロープの登場です。馬の頸にロープを巻いていましたね。そのロープを握ってもらいます。

「立つ時に上体を前に倒さずにやってみてください」

これが難しい。

「ロープを使っていいですよ」

ハイとは言うものの、なかなか上手くいかない。

「ロープを強く引いてください」

少し感じをつかめました。ロープを思い切って使うことが大事です。

鐙に真っすぐ立つと、鞍の前橋に座るような形になります。正解です。

常歩でやってみましょう。

立ったり座ったり、立ったり座ったり。何度も何度も。

「立つというよりは、腰を前に出すように」

「つま先立ちにならないように」

地面でもつま先立ちは不安定です。地面に自然に立つようにしたいのです。

ただ無理に踵を下げる必要はありません。無理はダメです。

だいぶ感じをつかめてきたようです。

「速歩してみましょう」

追ってあげましょう。初心者は、脚で馬を前に出すのは簡単ではありません。

馬が反応しなければ、強く使うことになります。

そうすると全身に力が入り固くなってしまいます。固くしたくないのです。

「踵を腹に当ててください」

と言っておいて、追ってあげます。

これは馬の調教にもなります。

「踵が腹に当たる」「速歩に出る」

調教は習慣づけです。

腹をバンバン蹴られると、馬も気分が悪いと思います。

速歩になりました。今度はロープをしっかり握っています。

「一、二、一、二」

「そうそう、いいですよ」

先生は速歩の維持が最大の仕事。鞭を持って走りましょう。

この練習を調馬索でやっているのを見かけますが、私はしません。できるだけ直線でや

図3 軽速歩

上手になると人も馬も楽《ラク》

注意点 ・しっかり座る
・前傾しない

鐙に「地上と同じように立つ」
座った時も立った時も よいバランスで

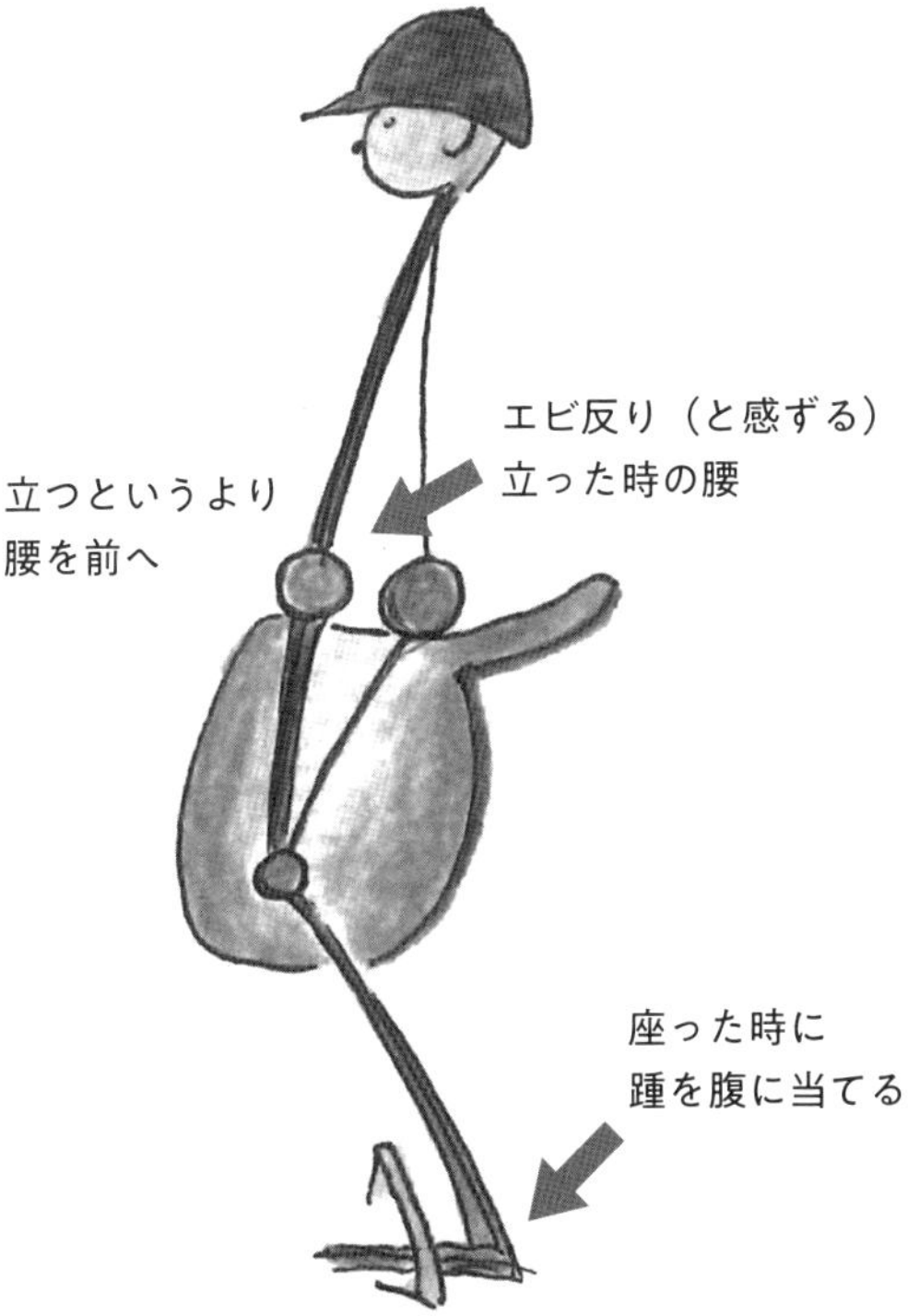

るようにします。

直径十数メートルの円運動での速歩は、乗る側としては難しいです。

上級者が、バランス等を確認するためにやってもらうのはいいと思いますが、そんな場面は見たことないですね。

また、調馬索は左手前が多いように思います。先生の得手不得手ですかね。

生徒さんも左手前が得意になってしまうかも知れません。ということは、右手前が苦手になってしまう。

そんなこんなで、鞭を持って走る先生は相当レベルが高いと思います。

そういう先生に教えてもらえるといいですね。

私はレベルの高い先生でいたいので、普段からランニングを欠かしません。

七十二歳直前記念単独ハーフマラソンを、二時間二八分二八秒で完走しました。

コロナで町主催の大会が中止になったので、一人で走りました。偉いでしょう。

冷たい雨が降る中、車で伴走してくれた妻に感謝します。

「一、二、一、二」

軽速歩がさまになってきました。

上手になると、馬も走りやすいので、だんだん追わなくてもよくなります。

先生も一息入れ、ここで軽速歩のチェックポイントを伝えます。

「しっかり座ることと、前傾しないこと」

軽速歩は立つことに意識がいきがちですが、実はしっかり座ることが大事です。

しっかり座ると馬が跳ね上げてくれます。力まなくても楽に立てます。

上体は真っすぐのままがいいです。

前傾したり、元に戻したりと動くとバランスが崩れやすくなります。

補助ロープを遠慮なく使いましょう。

私も、生徒さんに見てもらうために乗って補助ロープを持つことがありますが、凄く楽に軽速歩ができます。ということは、まだ完全なバランスで乗れていないのですね。練習、練習。

「チェックポイントを言ってみてください」

立ったり座ったりでいっぱいですから、話は右から左へ抜けてしまいがちです。

「しっかり座ることと、前傾しないこと」と、もう一度言ってあげましょう。

「しっかり座ること。前傾しないこと」

「一、二、一、二」と、立ったり座ったりしながら言ってもらいます。

声に出すと、頭が覚えていなくても耳が覚えているということがあります。体に記憶されるのか、後で上手くいかなくなった時、戻れるようにしておきます。

軽速歩は誰が発明したのでしょう。

正反撞ばかりでは苦しい。何かの拍子にお尻が一回浮いたのでしょう。

「アレッ、楽だぞ」

そこから研究し、一、二、一、二のリズムを会得したのでしょう。そういう意味では発見とも言えます。世紀の大発見ですね。

長距離の移動や、準備運動、若馬の調教に最適で、一気に広まったのでしょう。

どなたが発明したか分かりますか？　偉いなあ。現状に満足せず、何かもっといいやり方が無いかと、いつも考えていたのだと思います。

私も何か発明、発見したいです。

偉い人が考案してくれた軽速歩ですから、楽にできるようになりたいものです。

馬にお願いして手伝ってもらいましょう。

立つのが大変ですから、馬に跳ね上げてもらいましょう。

そのためにしっかり座るのです。

軽速歩に「軽」の字がついているので、軽く座る、そっと座ると考えていましたが、どうも違うようです。どなたが最初に「軽速歩」と言ったのでしょう？

もう一つ、座ることに遠慮があるからなのか、座る時にトトンと二度鞍を打つことがあります。これも、しっかり座ると直せますので、研究してください。


次に移る前に、休めを入れましょう。

「どうですか、難しいでしょう？　ここまでで何か質問ありませんか？」

いつでも、何でも質問していい雰囲気が大事です。


さあ、もう一度軽速歩です。
一、二、一、二。いい感じです。自分で考えながらやっています。声をかけずにしばらく見ていましょう。


学生時代、最初に軽速歩を習った時、「あまり尻を上げなくていい」と言われました。

また軽速歩を突き詰めて考えたことがありませんでした。

でも、ピットボーイの出現で、初めて深く悩み、真剣に研究しました。

そして、

「座った時はバランスが取れるが、立った時もバランスが取れなければならないのではないか」

との仮説を立て、再び血だらけの練習をしました。

仮説は正しかった。今はどんな馬でも楽々と軽速歩ができます。

三拍子の軽速歩

「次は難しいですよ」

難しいことに挑戦するのはワクワクしますね。それとすぐ上手くいかなくても、難しいのだから大丈夫と思って欲しいのです。

「座る時が一で、立つ時が二で、二拍子ですね」

と確認し、

「三拍子をやってみましょう」

「ン？」

「一、二、一、二の二を、二、三と二回立つんです。一、二、三、一、二、三です」

確かに難しそうです。

「ロープをしっかり持って」

補助ロープが無ければできません。できたように見えても、何処か誤魔化しています。手綱でバランスをとってしまうと、馬の口を引いてしまいます。これは馬が苦しい。最悪です。

二、三と立とうとして前傾してしまうことが多いです。

前傾すると戻れません。そうすると、一がしっかりできません。座れません。

ロープを持たなきゃできないと、決めた方がいいですね。

「ロープをしっかり引いていいですよ」

ここがミソです。

引いていいと思うと、体が真っすぐなまま立てます。そうすると座れます。

三拍子の完成です。三拍子は何とも気持ちがいいです。何故でしょう。

スケーターワルツ、子犬のワルツぐらいしか思い出せませんが、ワルツが合います。

「ハイ、二拍子」

三拍子ができると、二拍子が圧倒的に楽になります。

「声に出して」

「一、二、一、二」

「三拍子」

「一、二、三、一、二、三」

「いいですよ。じゃあ思い切って四拍子いってみましょう」

「一、二、三、四、一、二、三、四」

四拍子はどんな曲も合います。

「そうそう。じゃあ好きな数でやってください」

これを多頭数の部班でやると、五拍子、十拍子をやる生徒さんが出て大騒ぎ。楽しい楽しい。

「ハイ、二拍子」

もう何の力みもなく、らっく楽。

何故？

鐙の上で自由なバランスになったのです。

「常歩」

愛撫、愛撫。指示しなくても、生徒さんは馬を褒めまくっています。

上手に乗れると、馬が可愛くてたまらなくなります。

「練習終わり」

「楽しかったー」

生徒さんは大満足間違いなしです。


手綱を伸ばした自由な常歩。この常歩で馬はストレッチします。

生徒さんも馬上体操。馬の動きに体を任せるのが、一番いい体操です。

脚《きゃく》はいつ使うか

「今日は軽速歩の時の脚の使い方をやります」

少し説明しておきましょう。

「馬はハエがとまっても分かるでしょう?」

馬の胸前の辺りを、指で触ってみます。毛先に触れる程度です。

馬は皮膚をプルプル震わせます。ハエと勘違いしているのかも知れません。

「脚は腹を触る程度で分かるはずです」

実際はなかなかそうはいきませんが、親の仇のように強く使うものではないと覚えてもらいましょう。

強く使おうとすると、全身が固くなるからです。これは人馬共ですね。

人が固くなる、イコール止まれでしたね。

体は止まれと言っているのに、脚は前に出ろと言っている。

馬は訳が分からなくなります。そういうことが度重なると、馬はどんどん反応が悪くなります。当たり前ですね。

これは生徒さんに、何度も繰り返し教えてあげた方がよいです。

「コイツ反応が悪い」と、鞭でバシバシ叩いている人を見ます。鞭で叩かれなきゃならないのは誰ですか。

「オマエだろ」

と言ってますよ。

強く蹴ると、馬だって気分悪いです。

上級者（と思っている人）がやると、馬も渋々動くかも知れませんが、納得していないので、初心者に代わると、全く動いてくれないことがあります。

「蹴れっ」と言われて仕方なく蹴ると、馬が怒って跳ねることがありますから注意してください。

誰が注意するのかというと、先生です。尻っぱねして落馬したら大変です。

怪我はしなくても、恐怖心が残ります。

そもそも自分が乗った後、馬が軽快に動かないようでは上級者とは言えません。

何度も言っておきます。

さて、脚の使い方。

「足を後ろに曲げると踵が腹に当たります。軽くです。触れる程度でいいです」

馬を止めて、生徒さんの足を持って、後ろへ曲げてあげます。

「曲げると腹に触るでしょう」

つま先が斜め前に向いているので、膝をほんの少し曲げると足が腹に触ります。

「つま先を前に向けろと言われました」と言う人が多いですね。

つま先の向きは鐙の長さで変わります。短くなるほど前から内に向きます。

競馬のジョッキーを見ると分かりますね。

今は、つま先が斜め前が正解です。研究してください。

「一、二、一、二の一で腹に触ります」

一の時は鞍に座っているので、足を使えます。

二の時は鐙に立っているので、足が自由になりません。

止まったままでやってみます。

「一できゅっ、二で立って」

ロープを持って何度もやってみましょう。

「膝を曲げる、立つ」

足ではなく脚と言った方がいいですね。

「脚の使い方を教えてください」と聞かれることがよくあります。

そもそも脚って何処を指しているのでしょう。

「ふくらはぎ」と習ったように思いますが、長年乗ってきた今、何処と明確に答えられません。

あなたは何処だと思いますか。正直に答えてみてください。

「ふくらはぎ」

本当にそうですか。長靴が擦れて傷む部分でしょうか。

じゃあ何故拍車は踵に着けるのでしょうか?

「それは……」

結局「何処か」ではなく「何処でも」じゃないでしょうか。

よく分かりませんが、必要に応じて何処を使ってもいいと思います。ということは、必要なければ使わないのも正解ですね。

元気に前へ出ているのに、機械的に脚を使われると、馬は、

「なんだよ、前に出てるだろ」

と機嫌をそこねます。分かるでしょう?

結論として、脚の扶助が馬に伝わればいいと思います。

私は初心者には、踵を腹に当ててくださいと言います。分かりやすいからです。

脚を使うタイミングを覚えてもらえば、あとは生徒さんが自分で工夫します。

「拍車は着けた方がよいですか」

と質問されます。

「ハイ」と答えます。

「馬場馬術競技では必ず着けます」

勿論まだバランスに不安がある人は着けない方がいいです。安全のため。

乗れるようになった人が、拍車を着けずに腹をドンドン蹴るのはどうかなと思います。

人馬共固くなりませんか?

拍車は馬を痛い目にあわせるものではなく、緊張してもらうために着けます。

緊張イコール固くなるではなく、ヤル気になってもらうとか集中してもらうといった意味です。

私は枝の長いものを着けています。

「上手になったら着けなくてもいいのじゃないですか？」

と聞かれます。

それもいいかも知れませんが、馬術書に「人馬共に上級になればなるほど鋭い拍車を着ける」と書いてありました。

拍車を着けずに乗る人の方が上手だと思っていたので、初めは「ン？」と思いました。

何十年も乗って、今は必ず着けます。力を使わず静かに乗りたいからです。

馬への礼儀として、正装して乗せていただくと思っているところもあります。

でもめったに使いませんね。使うぞ使うぞと思わせておいて使わないのです。

その緊張感です。恐怖感ではありません。期待感という表現もよいですね。

馬が、

「次どんな運動をするんだろう」

とワクワクして待っている。そういう精神的なやり取りができると、物理的な力は、ごくわずかで済み、馬術の完成度が高くなります。その方が面白いと思いませんか。

さあ、話を元に戻しますよ。

軽速歩の時の脚の使い方でしたね。

速歩発進。必ず補助しましょう。補助ロープも握っています。

「一、二、一、二」

「座った時に踵を腹に」

「きゅっ、きゅっ」

一で踵を腹に当てる以外のことは、考えなくてもよいようにします。

一定のリズムで馬が走ってくれると、生徒さんはすぐタイミングをつかみます。

軽速歩で一番難しいのは、速歩の維持です。

バランスが崩れたり、口を引いたりすると、馬は速歩を維持できません。

「おいおい、走れないよ」

誰かを負ぶって歩いてみれば、すぐ分かります。背中でグラグラされると、とても歩きにくいでしょう。

そこで、速歩が維持できなくなる原因を取り除きます。

補助ロープは有効です。バランスの崩れと口を引くことの両方を解消してくれます。

「できないことを責めるのではなく、できるようにしてあげる」

脚を使うタイミングを覚えれば、自分で推進できるので、先生も鞭を持って走らなくて済みます。その方がいいでしょう。

座った時に脚を腹に当てるのが、なかなかできない人もいます。

その場合は、逆に、

「立つ時、脚を馬体から離してみてください」

というアドバイスで上手くいくことがあります。一度タイミングが分かれば何てことないのですが、できない人には何としてもできなくて、深く悩んでしまいます。

ですから先生は、どうやったらできるようになるかを多方面から考えてあげてください。

体が固くてできない人。そもそもイメージができていない人。間違ったイメージを拭い去れない人もいます。

できて当たり前と考えると、生徒さんも先生も苦しいので、「できないのが当たり前」と考えましょう。そう考えていると、ほんの少しできても嬉しく、心から生徒さんを褒めてあげられます。

赤ちゃんがヨチヨチ歩きを始めるのは、一歳くらいでしょうか。

すぐに走れるようになりますが、真っすぐ走れるようになるのは小学校高学年です。

毎日走っていても十年以上かかります。

「千鞍乗って馬を知る」

という言葉が好きです。

「あなたは何鞍乗りましたか？」

週一回の練習だとしたら、一年で五十ですから、千鞍は何年かかるでしょう。「自分はまだ、保育所にも行っていないぐらいかな」と、知ってもらいましょう。

「ただひたすら練習する」のが上手になる唯一の方法ですが、冷たく突き放すように言わないでください。

「大丈夫、必ずできるようになりますよ」

先生に自信があれば、生徒さんは必ずできるようになります。

また、上手になれば、脚はいつでも使えるようになります。

手前

軽速歩には手前があります。

「外方の前肢が前に出る時にお尻を上げる」というのが一般的かと思います。

右内方なら左の前肢です。左の前肢が前に出る時に立ちます。

「肢を見ていいですよ」

と、私は言います。

見なくても感覚で分かる人もいるそうですが、私は自信がありません。

小さな円運動で違和感がある時がまれにありますが、感覚だけで軽速歩の手前を合わせる自信はありません。

そもそも、何故手前があるのか説明できません。何か理由があるはずです。

ただ同じ手前を長時間続けると、馬体に左右差ができてしまうのではないかと考えます。

それで時々手前を変える方がいいと思います。

競走馬の育成の仕事につく若者に騎乗訓練をしていた時、六百メートルの走路がありました。カーブは正手前で、直線は手前を変えて走るようにしていました。

手前を変えるには三拍子を一回だけやります。

「一、一、二」と二回座るのが一般的かも知れません。

「一、二、二」と二回立つ方法もあります。

私は二回立つ方を使います。

二回背を打つより、二回立った方が馬も人も楽じゃないかと思います。

若い馬や背の弱い馬は、言っているかも知れませんよ。

「二回立ってほしい」

「さあ自由に軽速歩してください」

生徒さんは何拍子でも自由自在です。言われなくても歌っているかも知れません。楽しそうです。

練習三日目以降

正反撞《せいはんどう》

いよいよ正反撞の練習をします。

速歩の反撞を全部受けます。慣れないうちは大変です。慣れても大変です。

よく調教されている馬なら動きが柔らかいので、フワフワと気持ちいいですが、なかなかそうはいきません。

「正反撞は我慢」と最初に言っておきます。

初心者はできるだけ反撞が低い馬で、ゆっくりの速歩で練習を始めた方がいいですね。

速歩で発進し、軽速歩をします。ゆっくりですよ。

補助をお願いします。とにかく力まないようにしたい。

「一、二、一、二」

気持よく軽速歩。補助ロープを着けています。

三拍子、四拍子で遊ぶのもいいでしょう。

じゃあ、正反撞してみましょう。

「四歩だけ正反撞」

一、二、一、二、一、二、三、四。

「ハイッ軽速歩」

一、二、一、二。

「もう一度、四歩だけ正反撞」

ボンボンと跳ね上げられますが、歩数を限定していますので、生徒さんは何とかこなしています。何度か繰り返してみましょう。

「じゃあ、十歩やってみましょう」

歩数を増やします。

「次は自分で歩数を決めてやってください」

苦しいことは、やらせるのではなく、自分から挑戦してもらいます。

「数を数えてください」

声に出して数えると、リズムが良くなります。

正反撞で難しいのは、リラックスの維持です。

体が固くなると、腰回りも固くなり、到底正反撞の上下動には付いていけません。より苦しく、一層固くなってしまいます。

それとバランスを保つのが難しく、落ちまいとして馬体に足で縋り付いてしまいます。縋り付くと馬は推進されたと勘違いし、速くなります。速くなると恐怖心も出て、より固くなります。

そこで必殺補助ロープです。補助ロープを握っていれば安心です。安心だと思い込んでもらいましょう。

何度も「休め」を入れましょう。

休めで常歩をすると腰回りが自然に動き、ストレッチされます。

馬上体操を入れてもよいです。足を横に開く運動です。

とにかく、腰回りと股関節が馬と一緒に動くことが大事です。

さあ、もう一度やってみましょう。

「軽速歩と正反撞、自由にやってみてください」

自由にと言ってあげた方が生徒さんは頑張れるようです。

正反撞の練習だと分かっているので、歩数を増やすことに挑戦してくれます。

「そうそう、いいですよ」

正反撞に挑戦していることを評価しましょう。

正反撞は苦しいので、上手に乗れないと悲観してしまいます。

先生は褒めることと、馬が一定のペースで速歩するよう補助に徹します。

最終的には馬のフォームをよくし、柔らかい動きをつくれる技術を身に付けて初めて正反撞は完成します。

何年もかかるでしょう。

そういうものだと、何かの機会に話してあげたいですね。

難しいことに挑戦する勇気と喜びを知ってもらいたいものです。

私論ですが、生徒さんの希望があれば、正反撞はしなくてもいいと考えます。

腰への負担が大きいからです。

高齢の方とか、腰の弱い方とか。でも馬には乗ってみたいという人に、乗馬の楽しさを味わってもらいたいものです。

ついでに言うと、常歩だけで大満足という人もいると思います。

ついでにもう一つ言うと、進歩の度合いも人それぞれです。

一律に、こうでなければならないと、考えない方がいいと思います。

勿論、人によっては、もっとガンガン教えてくれと言う人もいるでしょう。

何を目指しているかによりますね。

そんなことは当たり前と思われるかも知れませんが、先生が先走りして、生徒さんが楽しめていない例をよく耳にします。また生徒さんは先生にこうして欲しいと言えないのが現状のようです。

「なーんも、言ってくれればいいべさ」（北海道弁丸出し）と先生は言うけど、生徒さんにしてみればなかなか大変なようです。気を付けなきゃいけませんね。

「頼まれない限り教えない」のが私のやり方です。

ある程度乗れるようになったら、自由に乗ってもらいます。

「何かあれば言ってください」と伝えて、見ています。

生徒さんは、それぞれ課題を持って練習に臨んでいるはずです。どう乗ればいいのか、あれこれやってみたいと思います。

それを聞かず、一から十まで指示されてしまうとつまらないです。

逆に自分の課題を認識せず、先生の指示を待つだけの人は上手になれません。

「先生はとてもハンサムで、声も綺麗。声をかけてもらえるだけで幸せ」と言うならそれもよしとしましょう。

見ているだけですが気は抜けません。いつ、どんな質問をされるか分かりません。質問されたら、すぐ答えなければなりません。

「オハヨー」と、まず挨拶はこちらからします。

難しい顔はしません。いつも冗談を飛ばしています。オヤジギャグも駆使します。ウケないことが多いですが。

帯広の学生たちとは、先に触れたように、何十回も食事を共にしてきました。これは最高にいいですね。緊張が和らぎます。

時にはギターを持参し、一緒に歌ったりしました。

私は最近の歌は全くだめです。歌詞が多いし、メロディラインが複雑。

学生たちは、古い歌を意外によく知っています。私のギターで大合唱。

今、なかなかそういう場面が少ないそうです。

私の若い頃は、ギターが弾ければスターでした。それもコードを覚えて伴奏できれば最高です。

フォークソング大流行の時代。拓郎や陽水。グループサウンズも全盛期。

今のロックなんかと違って、ギター一本で歌える曲が多かった。

タイガース、テンプターズ、ブルーコメッツ。

神田川が流れ、乾杯へと続く。そして千春。

ああ懐かしい。キリがありません。

学生たちと歌う、お決まりの曲がありました。

「栄光の架橋」――ゆず。比較的新しいですね。

大、大、大合唱。心が一つにならない訳がありません。

「廃部の危機」から雄々しく復活する背景には、歌があったのです。

学生たちは私にとって馬術道を極める同志です。上も下もありません。初めは疑いや恐れ、憎悪の目で私を見ていましたが、忍耐強く歩み寄り壁を越え、壁を取り払うことができました。

年齢差がありますので、それなりの礼は尽くしますが、他は対等です。学生たちは自信を取り戻し、見る見る成長しました。

同じようなことを何度も話していますが、それが大事だからです。今、少年団の練習を見に行っていますが、小学生から高校生までにここにこと側に寄ってきます。そうなれば、指導が自然と身に染みていきます。

「ここをこうするとよくなるぞ」と考えながら見ることです。

一旦、馬を止めます。

手綱を長めに持ってもらい、先生は馬の前に回り両手綱を引きます。

「一番力が入る形になってください」

何処かでやりましたね。

「胸を開く、肘を曲げる、踵を下げる」

そうですブレーキの形です。

地面に立って力を抜いて腕をぶらんと下げます。その状態から手だけを前に出します。

そうすると、肘が曲がり親指が上になります。

自然な形です。

「こういう形です」と言う先生の形を真似て、もう一度引っ張りっこです。強くなりました。

「もっと強く引くには」

肩を後ろに引くようにして胸を開き、

「さらに強く引くには」

ベルトから上を後ろに倒します。背が反ります。少しでいいです。

こうなると先生が全体重を預けても、生徒さんはびくともしません。

「どうですか？」

鏡に映してみます。横向きの姿です。

「綺麗でしょう？」

絵に描いたような理想的な形になりました。生徒さんも自分の姿にうっとり。

「自然なのが一番力が入り、一番綺麗なんです」

綺麗と言われて気分が悪い人はいません。よい姿勢と言うより、綺麗と言ってあげた方が嬉しいかも知れませんね。

「一番力が入る形を覚えておくと安心ですね」

補助ロープを頸に巻いています。

「補助ロープを持って強く引くイメージで、今の形を復習してください」

常歩です。

「力を入れたり抜いたり」

腰回りが動くことが大事です。動きが足りないようなら、足を開く体操を入れましょう。

「じゃあもう一度速歩してみましょう」

軽速歩、正反撞、自由です。

「ドンドンと鞍に座る時、ブレーキの形を意識してください」

何のことか分かりませんね。

速歩発進。補助。

「ロープを引いて、一歩一歩ブレーキをかけるつもりで……」

待ちます。

イメージを膨らませて、懸命に試しています。

待ちます。

先生は速歩維持の補助。だいぶ分かってきましたね。

「腰回りが動くのが正解です」

「正反撞は楽になりませんよ」

何度も休めを入れて。考えて。そしてまた速歩。

「腰回りが動くのが正解です」

ぼんぼんはねられて辛いので、体が固まってしまいます。

「ハイ常歩。休め」

根を詰めてやってもそう簡単にはいきません。

「腰が痛くなるかも知れませんよ」

それだけ激しい運動です。

「筋トレしなきゃ」と思ってもらえれば、しめたものです。

ビデオ学習

「休憩しましょう」

冷たいお茶でも飲みながらビデオを見ましょう。

ワールドクラスの人馬の馬場馬術。

その美しさにはビックリしますね。シルクハットに乗馬服。ピカピカの馬。そしてその動き。まさに芸術です。

馬術の術は芸術の術です。

速歩を見てみましょう。前進気勢に溢れた活発な動き。人馬一体の見事な演技。

少しスローにしてみます。

「分かりますか？　相当跳ねているでしょう」

スローにするとはっきり分かります。天下の名人が跳ねています。速歩は跳ねるものだと知って欲しいのです。

上級者の速歩は跳ねているように見えません。

でも自分が速歩をすると、ボンボン跳ねられているように感じます。

「下手なんだ」と思ってしまいます。

それで跳ねないようにしたくて、変な癖がついてしまうのです。

初心者のうちに本物を見ておくことは、物凄く大事です。

「一流の馬術を見ておくことですよ」と言っても、

「見ても分からない。レベルが違い過ぎるから」と見ない人が多いです。

逆に「初心者に見せても仕方がない」と考える先生もいるとか。それは間違いです。

「分からなくてもいいんです」

分からないのが一流です。何をしているか分からないのを一流と言います。

素晴らしい音楽を聴くように、全てを委ねてうっとりと見るのです。

感動の涙が自然と流れます。それでいいのです。

自分の奥深いところに芸術性の灯がともります。

「音を楽しむのが音楽、馬を楽しむのが馬楽」

「馬のフォームをよくしてあげると、反動が柔らかくなります」

「そうか、いつかフォームづくりができるように頑張ろう」と、生徒さんはより一層の精進を誓うはずです。

乗馬施設にビデオ装置は必須です。ビデオを使わないスポーツが今時ありますか？

三木田乗馬学校では、乗る時間の何倍も、ビデオを見てお話ししました。

生徒さんの騎乗を私が撮って、練習後すぐ見ました。客観性は大事です。

騎乗練習し、ビデオで復習し、生徒さんは大満足で帰ります。その時間全部が楽しいのだと思います。

私は自分自身の騎乗を、乗りながら同時に見られないのが残念です。それが可能になる装置を、どなたか開発してください。

上達のコツ「半停止」と「内方姿勢」

もう随分いろいろな運動ができるようになりました。

沢山乗るのが上達のコツです。

そのコツについて考えてみましょう。

馬術は「半停止」と「内方姿勢」でできているので、その二つを意識して乗りましょう。

常歩と速歩を練習しましたが、蹄跡を淡々と進むだけではなく、半停止と内方姿勢をどんどん組み合わせるのです。

先生が号令をかけてあげるといいと思います。

前提として、号令の種類、内容を知らなければなりませんね。

新しい生徒さんが来る度に説明するのが大変なら、図を入れた説明書をつくっておくといいですね。紙一枚で十分です。


生徒さんに乗ってもらって、馬上体操が済んだら号令です。

「気を付け」。手綱を持ち鐙を踏んで姿勢を正します。

「前へ進め」。常歩発進。

「止まれの号令をかけますよ。止まれの形、わかりますか？」

「胸を開く、肘を曲げる、踵を下げる」と言ってもらいます。

「全体、止まれ」。何人か一緒に乗っています。

「腹筋に力を入れて固まってください。ちょっとエビ反りも意識して」

「前へ進め」

「歩度を伸ばせ」

「拳を前へ前へと出し、馬が頭頸を振りやすくしてあげてください」

「全体、止まれ」

「止まれの形ですよ。体を固めて」

「前へ、進め」

「歩度を伸ばせ」

「拳を前へ前へ」「踵を腹に当てて」。先生は補助。

「歩度を縮め」「止まれの形」「腹筋を使って」

「歩度を伸ばせ」「頭を振らせる」

可能なら二十歩以上同じ運動をしないよう、どんどん号令をかけます。

「常歩すすめ」

歩度を縮め、歩度を伸ばせと常歩の違いを表現できるのはレベルが高いと教えてあげるといいですね。

「各個に巻乗り」

直径十メートルと、巻乗りの大きさを指定します。

巻乗りは実は難しい運動です。十メートルの円周上を馬が進むようにします。

「顔が進行方向に向くように」と、一番肝心なことができるように声をかけます。

複数で乗っていると合わなくて、隣の馬の邪魔をしてしまうこともありますが、初めから百点は求めないようにしましょう。

歩きが鈍くならないように、補助も忘れず。

蹄跡に戻ったら、また、歩度の縮め伸ばし、停止を入れます。

半巻して、同じようにどんどん運動を変化させます。

このように運動を変化させることにより、体を使うことを覚えてもらいます。

日常生活では、何と言っても手を使うことが多いと思います。実は体も使っていますが、手ほど意識されていないように思います。

手と同じくらい体を使うと、馬術はぐんと深まります。

重心の移動など、体を使えるようになると、何より馬の口への負担が減り、馬が楽になります。

「自分の全身を使って、馬の全身に係わると、人馬の一体感が増しますよ」

それを生徒さんに、何としても分かってもらいたいですね。


速歩でもやってみましょう。正反撞と軽速歩を組み合わせます。

同じ運動を長く続けないようにします。

特に半停止を意識して、どんどん入れることで、正反撞に付いて行く体の動きを会得できます。


ここで重大発見。

ミューゼラーの『乗馬教本』には「鞍に固着するには腰を張ることを覚えること」とあります。

「腰を張る」が分かるようで分からなくて、何十年も曖昧にしていました。

馬友からいただいたミューゼラーの英語版には「Bracing the back」とあります。

braceは「ぴんと張る、引き締める、緊張させる」などの意味です。

backは辞典によると「背中、背骨」とありますが「腰」とは出て来ません。

和英辞典で「腰」を引くと「waist」とあり、「lower back（背中の下部）」と説明されています。

「腰を張る」と言うと、説明にあるように背中の下の方を意識してしまいますが、長年の経験から、背中と腰を分けずに「背腰を張る」が正しい解釈だと思います。

さらに手前味噌で全く申し訳ないのですが、私の半停止の時の指導が、bracing the backを具体的かつ正確に表現していると思います。

「胸を開く、肘を曲げる、踵を下げる。そしてちょっとエビ反りで体を固くする」つまり「強く引ける形」です。

ミューゼラーは、ドイツ語ではどのように書いているのでしょう。


正反撞では、一歩一歩半停止を意識します。

練習のために、馬の頸に巻いた補助ロープを持つのもいいと思います。

簡単ではありませんが、正反撞に付いて行くには背腰の動きが重要ですので、あきらめずに頑張ってもらいましょう。

運動の組み立て方が分かれば、号令をやめて、自分で考えて乗ってもらいます。練習では、特に止める形を覚えてもらいます。どんな状況でも止められるようになって欲しいのです。

止める自信が付けば、出せるようになります。出せるとは、元気な運動ができるということです。

止められなければ、恐ろしくて、とても元気な運動はできません。

馬にヤル気があるのに、ちょっと動き出すと、すぐブレーキをかけてしまいます。もったいないですね。

元気に動く馬に乗れれば、それはもう得も言われぬ快感です。

「全ては止める練習」と言ってもよい程です。

事故を防ぐためにも、これは大事です。最優先事項です。

馬が走り出してしまった時、生徒さんにかける私の台詞は決まっています。

「止まれの形で頑張れー。三年も走り続ける馬はいないぞー」

馬が走り出したら、もう助けられません。無事を祈るだけです。

常歩なら常歩ばかり、速歩なら速歩ばかりではなく、常歩と速歩を組み合わせると、運動の種類はもう無限大です。

前肢旋回《ぜんしせんかい》

そこでもう少し、いかにも馬術的な運動を入れます。

「前肢旋回をしてみましょう」

馬を止めて、片側の脚だけを腹に当ててみます。今は右脚を使って、腰を左へ移動するように促します。最初は一歩で十分です。

また歩かせて、止まって、今度は左脚を使います。腰を右へ一歩。

きちんと調教されている馬なら難しくはありません。ごく軽い脚の扶助に馬が反応してくれると、いかにも馬術をやっているんだと喜びが弾けます。

反応してくれる馬を用意するのが、先生の一番の仕事ですね。

もし未調教であれば、生徒さんと協力して調教するのも、よい指導になります。

洗い場に馬を入れようとして、百八十度回す時を思い浮かべてください。

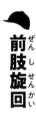

頭が回っても、尻が残っていると、手で押してあげるでしょう。

前肢旋回の調教も、まず生徒さんに脚を腹に当ててもらって、先生は馬の腰を押してあげます。一歩でいいです。一歩動いたら愛撫。

左右何度も繰り返します。

次に先生は長鞭を持ってやってみましょう。

生徒さんが左脚を使うとしたら、先生は馬の左側に立ち、左手で手綱を、右手に鞭を持ちます。左脚を腹に当ててもらう、鞭を左後肢に当てる、左手綱を引いて、前肢を軸に回転させる。後肢が一歩動いたら愛撫。左右何度も繰り返します。

鞭を後肢に当ててると、嫌って蹴る馬もいますので、事前に教えておかなければならないですね。それをしていなかった時は、一旦生徒さんに下りてもらってやるといいでしょう。危険は絶対に避けなければならないし、面倒くさいと思うようなことを、手を抜かずにやるのが調教だと、生徒さんに見てもらうよい機会になります。

「先生はこんな苦労を積み重ねて、馬を用意してくださっているんだ」と、尊敬してもらえるかも知れません。思わぬ副産物ですね。

前肢旋回は前肢を軸に、百八十度回って完成です。

一歩ずつが理想です。忙しくグルグルッと回る馬もいます。そういう馬は、一歩動いたら反対の脚で止め、また一歩動いたら反対の脚で止めて「一歩ずつだよ」と教えます。

前肢旋回の応用として、例えば右脚で腰を一歩動かし、続いて左脚で元にもどすのもいいでしょう。

前肢旋回は、生徒さんの感覚を養うのに、大変いい練習です。

馬の動きを感じることと、自分の扶助の力加減を考えるようになります。

考えながらやれるように、たっぷり時間をあげるといいと思います。

前肢旋回について、馬に聞かれました。

「前肢旋回ってナニ？　何のためにやるの？」

「単独脚を覚えてもらうためです。そのための運動として前肢旋回がいいのです」

「単独脚って？」

「片方の脚、右なら右、左なら左を使って、反対側に腰を移動してもらいます」

「何のために？」

「後で、二蹄跡運動等を覚えてもらうためです」

「フーン、よく分からないけど、大事なんだね？」

「そうです」

「大事なのは分かったけど、調教だからと言って、拍車でゴリゴリやったり、鞭でバシバシやるのは止めて欲しいな」

「そうですよね」

「丁寧にやってくれれば、オレだって馬鹿じゃないんだから」

「ごめんね」

「オレからも提案するぞ。右脚で腰を左へ動かす時、俺の頭を右へ誘導してくれると分かりやすいんだけどなあ。ちょっと手綱を開くんだよ。やってみて」

「そうだね、そうすれば前肢を軸に体を回しやすいかも知れないね。ありがとう」


後肢旋回もあることを、生徒さんに伝えておきましょう。

自分で研究し、練習するといいですね。

駈《かけ》歩《あし》

まずはイメージづくりから

さて、いよいよ駈歩の練習です。

駈歩の練習に入る前に、駈歩の動きをイメージしてもらいましょう。

まず肢の着地の順番です。これは見てもなかなか分からないと思いますので、説明しておきましょう。

右手前と左手前があります。

右手前の時は、一、左後肢、二、左前肢と右後肢が同時、三、右前肢。

最後の右前肢の後に滞空時間があります。

「タタタン、タタタン、タタタン」と聞こえますね。

最後が左右どちらの前肢かで判断するといいと思います。

駈歩の映像をスローで見るとよく分かります。

実際の動きを見てもらう前に、さらに図で説明します。

駈歩の時、馬は図のように重心を支点とするシーソー運動をします。

前躯が上がったり下がったり、後躯が上がったり下がったりします。支点は動いていません。だから重心と言うのですが、その重心の上に人が乗ります。

ということは、想像するほど動かなくてよいことになります。

ただし、シーソー運動をする馬の背から落ちないように乗っているには、前が上がる時は上体を前へ、前が下がる時は上体を後ろへ傾けなければなりません。エビ反り状態です。


シーソーに垂直に座っていると落ちてしまいます。分かりますか？

垂直に座ることで、騎座の三点は馬の背（鞍）に密着します。

騎座の三点とは、座骨の二点と縫際《ほうさい》です。

固い椅子に座った時、ゴリゴリするのが座骨です。縫際は、男子ならちんちんの裏です。

「縫」の字から想像して、ズボンのその辺りの洋裁の用語かも知れませんが、確認してい

図４ 駈歩

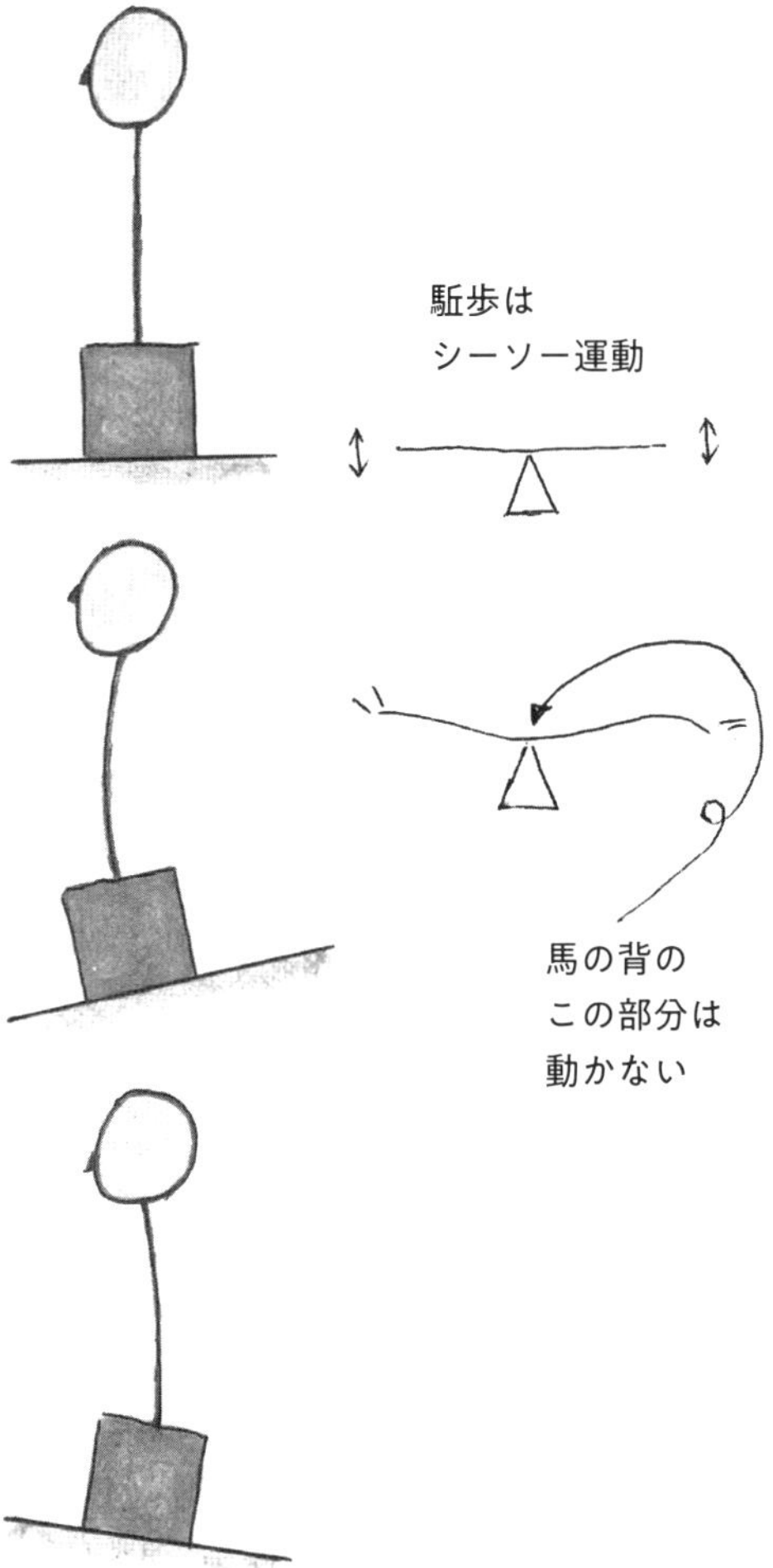
駈歩は
シーソー運動
馬の背の
この部分は
動かない

ません。

物体は三点で安定します。この三点は常に鞍に密着させたいものです。
三点を密着させたまま、上体を前後に傾けるには、腰を動かすしかありません。
後傾の時は、エビ反りになります。
紙での説明では不十分だと思い、駈歩マシーンを作りました。
乗ってシーソーの動きを実際に体験してもらいます。
これは非常に分かりやすい。
生徒さんは否応なしに体を動かさなければなりません。エビ反りもバッチリ。
「こんなに動かさなきゃならないんだ」と生徒さんはびっくりします。

そしてもう一つ。
駈歩に関する大発見をお教えします。
「なーんだそんなこと」と、知っていても言わないでくださいよ。
丸馬場に馬を放し、駈歩をさせました。そして観察。

図5 駈歩マシーン

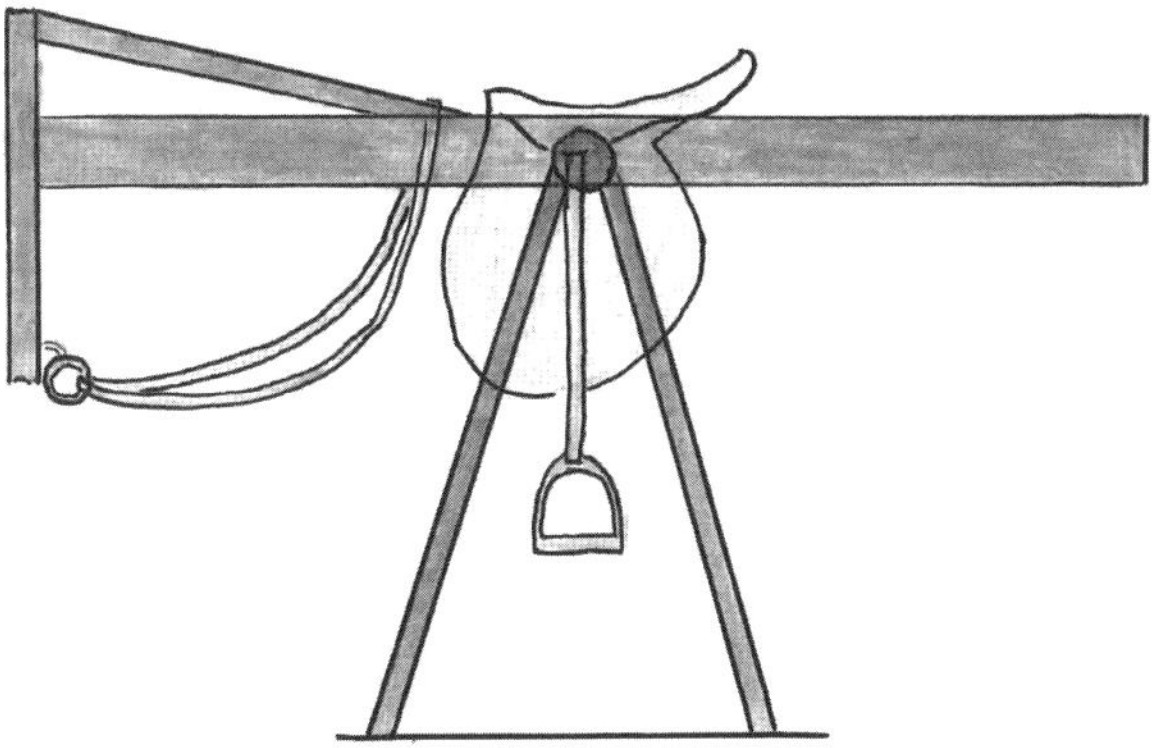

シーソー運動です。これは知っていました。

もう一つ。それまで私は、頭頸が下がる時、頭と頸の角度が大きくなり、頭頸が上がる時その角度が小さくなると思い込んでいました。人間で言えば、「顎を出す」と「顎を引く」動きです。

頭頸が下がる時鼻先を前に出し、頭頸が上がる時鼻先を引く。

言っていること、分かりますか？

顎の部分の折れ具合が変化すると思っていました。

ところがアルちゃん（馬名）はそうしないのです。変わらないのです。ビックリしました。何十年も馬術をやっていて知らなかったのです。

大発見です。

誰かに語りたいのですが「なーんだそんなこと」と言われそうで語れませんでした。アルちゃんはパッサージュもできる立派な馬場馬です。

「そうだったんだ」とアルちゃんと感動を分かち合いました。

馬の頸の付け根部分、き甲の辺りに拳を固定しても、ハミで馬の口を引くことにならないのです。

馬の頭頸が下がる時、口が前に出るから、拳を前に出さなければならないと考えていたし、生徒さんに何十年もそのように教えていましたが、少し違うようです。

頭頸が下がる時、上体を後傾させなければならないので、馬の口を一定の強さで触るためには、当然、肘を伸ばさなければなりません。その動きがあってはじめて、き甲の辺りに拳を固定することができます。

頭頸が上がる時は、逆に上体を前傾するので肘を曲げなければなりません。

そうすることで、馬の口と一定の強さで連絡がとれることになります。

その肘の動きは常歩の時と似ていて、指導時の表現は、「拳を前へ前へ」です。前へ前へは同じですが、内容が違っていました。

この発見は衝撃でした。眼が覚めました。

何十年もやっているからと言って、何でも分かったつもりになっちゃイカンと、大きなハンマーで一撃食らったような衝撃でした。


鞍を着けずに、駈歩の動きを見てもらいましょう。

常歩もそうですが、かなりの経験者でも、駈歩の動きそのものをじっくり見ていないようです。調馬索でよいと思います。生徒さんに、馬が自由に駈歩する姿を見せてあげてください。先生も一緒に観察するといいですね。

駈歩練習の前に、ここまで説明してあげると生徒さんは助かります。ある程度イメージができると思います。そんなに時間はかかりません。

駈歩マシーンも作ってみました。

私の父は村の鍛冶屋でした。その血を引いているのか、私はものづくりが大好きです。あれこれ考えるのは実に楽しいです。

丁寧な説明と、できれば駈歩マシーンにも乗り、イメージを持ってもらうといいですね。イメージを持ってやるのと、持たずにやるのとでは雲泥の差があります。

そもそもイメージが無いことはできません。

闇夜に目をつぶって走るようなものです。怪我をするし、目的地に着けません。


もう少し説明をします。

駈歩は、どうしたって走り出す可能性があります。それが本能だから。

肉食獣に襲われた時、速歩で逃げる馬はいません。

絶対駈歩です。最も速いからです。

速歩が得意なトロッターはどうだと、意地悪を言わないでくださいよ。

ゆっくりとした駈歩は、むしろ不自然です。

だから、初心者の駈歩練習は難しいです。走り出すかも知れません。危険と隣り合わせです。

それで、止める練習を念入りにやってもらいましょう。

止める練習は何度もしましたが、それでも駈歩になると「行ってしまうのじゃないか」との恐怖心がぬぐえません。

教える方も本当は不安です。できることならやめたい。

いや、やめてもいいと思います。

生徒さんが不安がっているのに、無理にしなければならないという法律はありません。

生徒さんが、思い切ってやってみるとの強い意志があればやりましょう。

「駈歩は気合いと根性」と私は言います。

気合いが入っていなければ危ないです。ナニクソの根性がいるのです。

上級者の駈歩は、ただただ気持ちよさそうに見えるので、危険だなどと思いません。考えが甘い。油断大敵。

常歩からの停止、速歩からの停止を何度も練習しましょう。

「胸を開く、肘を曲げる、踵を下げる」の三原則を何度も声に出しながらです。

いざという時、必ず役に立ちます。

発進の方法

さて散々脅して、いやいや、丁寧に説明して覚悟が定まったところで、駈歩の出し方を説明します。

「駈歩は内方姿勢の運動です」

「左右の手前があります」

「馬に内方姿勢になってもらい、発進の合図を出します」

内方姿勢になってもらうには、輪乗りなどの輪線運動に入るのがいいでしょう。常歩がいいです。

人がバランスを取りやすいからです。

右手前だとしたら、生徒さんは左の脚（外方脚）は少し後ろに引けています。

「ヨーシ、行こうっ」と、両脚で発進の合図を出します。

蹴るのではなく、ふわっと包み込む感じの方が、馬は分かりやすいように思います。

勿論馬の調教の度合いによりますが、強くしない方がいいです。

「馬はハエがとまっても分かりますからね」と、何度も言ってあげましょう。

そこそこ調教されている馬は、駈歩をするつもりで輪線に入るだけで駈歩を予感し、心の準備をしますので、長く待たせず、発進の合図を出してあげてください。

待っているのに合図が来ないと、馬は**「アレッ」**と思います。

それが重なると、馬はヤル気を失くします。そして反応しなくなります。

これ分かりますよね。

「たまに一杯やらないか?」と友人に誘われ、時間を空けて待っていたのに、「行けなくなった」と電話が入るのと同じです。

「ナンダヨ」となりませんか。

その後また誘いがあり「どうせまた」と疑いつつも約束します。友人だから。

それがですよ、またキャンセルの連絡が来たら、もうダメです。

次は電話にも出ませんね。そうやって友人を失くすのですね。

馬も同じです。

だから、駈歩をするつもりで輪線に入ったのなら、すぐ駈歩の合図を出してあげましょう。人があわてないように、しっかり準備をすることが大事です。

駈歩発進の合図を知っている馬なら、あっさり駈歩になります。

ところが駈歩初体験の生徒さんは、発進するとビックリするのと、どうしていいか分からず、思わず手綱を引いてしまいます。

馬は忠実に止まるでしょう。

残念。せっかく発進できたのに。

発進できたのに駈歩をやめたのは、止まれの合図を出したからだと説明してあげてください。

「もう一度やってみますか？」

生徒さんがやると言わなければ、無理にやらなくてもいいと思います。

駈歩練習の時も補助ロープを付けてもいいと思います。

口を引かないためと、生徒さんの不安を減らすためです。

せっかく駈歩が出ても、その度に口を引かれて、駈歩をやめていると、馬は発進の合図が分からなくなってしまいます。馬が可哀想です。

「そうなんだよ、アンタ、発進の後、止まれの合図を出しているんだよ」

他の運動も入れながら、気合いと根性で何度も練習しましょう。

急がなくても必ずできるようになります。

駈歩の維持

さて、駈歩の発進ができるようになりました。

次は駈歩の維持です。推進が必要です。

ここで推進について確認しておきましょう。

推進は騎手の仕事です。じゃあ馬の仕事は何でしょう?

騎手が推進の扶助を出したら、馬はどうすればいいのでしょう?

「前へ出る」

正解。

前へ出ようとすることです。それを前進気勢と言います。

気勢ですから、気持ちの問題です。

騎手が脚を使っても、馬が前に出なければ、それは推進とは言えません。

馬が前に出ないからと、バンバン蹴って、逆に馬が嫌がって後ろにさがってしまうのは、推進とは真逆です。

馬に前進気勢を持ってもらうための「何か」が推進です。Somethingです。

鼻先にニンジンをぶら下げて前に出るなら、ニンジンが推進です。

「それいいね」

馬に気持ちよく前へ出てもらうには、出ようとする気持ちを害する行為をしていないか、常に反省しなければなりませんね。

馬に聞いてみましょう。

「どうして前に出てくれないのですか？」

「前に出ようとしてるのに、口を強く引かれる」

「バランスを崩されるのも嫌だなあ」

「生徒さん、体が固いんじゃないの」

「そもそも、どうして欲しいのかがよくわからないなあ」

「それと……」

「まだあるんですか？」

「暑い中、運動が長い」

「喉が渇いた。水飲みたい」

「腹が減った」

「同じことばかりで退屈」

「まだありますか？」

「オレたちは一流ではないけれど、それなりに一生懸命やっている。それをもっと評価してほしいなあ」

耳の痛いことばかりですね。でも、言われてみればその通りです。

「私たちも最大限頑張りますので、これからも練習に付き合ってください」とお願いしましょう。


「駈歩の時の推進はどうすればいいでしょう？」

先に勉強しましたが、馬の動きに付いて行くのが一番大事です。

駈歩マシーンで体感したことを、馬上でやってみましょう。

「腰を前へ、前へ」

「エビ反り、エビ反り」

「こんなにやるのか」と、極端なくらいやって、やっと駈歩の動きに合います。

それと、駈歩は内方姿勢の運動ですので、特に内方の腰を前に出します。

「内方の腰だけで乗るつもりで」

このぐらいの意識でちょうどいいと思います。

まだ説明していませんでしたが、内方姿勢は馬の肩と騎手の肩は平行、馬の腰と騎手の腰が平行になるのがよいとされています。

イメージできますか？

「常に自分の前に馬がいるように」

厳密には少しずれると思いますが、自分の胸の前に直角に馬の頸があるようにします。

こう言うと、固くなるのではないかと疑問を持たれるかも知れませんね。

大丈夫です。この形が自然です。

上級者の騎乗を見てください。その形になっています。

悪い例を挙げますね。

例えば右に進む時、騎手が先に右に向いてしまうことがあります。

右を見ようとして、顔を右に向けるのはいいのですが、胸も右に向いてしまうと、馬とのバランスが崩れています。馬が置いてきぼりにされています。

顔もずっと右に向きっぱなしは不自然です。

「常に自分の前に馬がいるようにして」自分の内方の腰を前に出すのです。

騎手の体は捻じれることになります。

内方の腰を前に出せば、相対的に外方の腰は後ろに引けることになります。

当然外方の脚も後ろに引けます。ごく自然なことです。

「外方脚を後ろに引け」と指導する必要はありません。腰と関係なく脚を後ろに引こうとすると、膝を曲げるだけになります。

それこそ力が入り、固くなってしまいます。

同じことですが、内方脚を前に出そうとしてはダメです。

内方脚も外方脚も、その位置の差は大きくはありません。

ただし、駈歩の踏歩変換などでは、馬に分かりやすいように、脚の位置を大きく変える人もいます。ダメとは言えませんね。

常に例外はあります。

原理原則を理解した上で、馬と相談して工夫を重ねることが上達のポイントです。お気に入りの馬と、お互いにだけ通じる秘密を作れたらどんなに楽しいでしょう。

さて、駈歩での推進でしたね。

リラックスして、馬の動きに付いて行くのが最大の推進です。

内方姿勢を意識し、どうしても足りなければ脚を使う。踵を腹に当てる。

最初はやりやすいように、輪線運動で行います。上手くできるようになったら、

「思い切って直線運動を入れてみましょう」

輪乗りから、蹄跡へ進みます。

直線運動でも、駈歩は内方姿勢です。内方姿勢の維持に努めます。

「内方の腰を前へ、前へ」

ただ、内方姿勢の度合いを、少し弛めるように意識するといいようです。

駈歩での直線運動は難しいので、再び輪線運動にもどりましょう。

「輪乗りに入れ」

バランスがいいと思ったら、もう一度直線運動へ。

一旦常歩に落とし、手前を変えましょう。反対の輪線運動へ入り、駈歩の発進。

常歩に落とし駈歩の発進までの一連の動きは、ゆっくり丁寧に進めましょう。

発進が上手くできたら、駈歩の維持が大事です。

輪線運動でも気づきますが、直線運動をすると、自分の苦手の手前がよく分かります。

やっぱり右手前が苦手だと言う人が多いようです。

何故でしょう?

世の中左手前が多いからじゃないでしょうか。

スポーツでは、陸上のトラック、野球のダイヤモンド、自転車のバンク、競艇のコース等々。

今はそんなことはないようですが、箸は右手で持たされたし、左手で字を書いていたら右手に直したものです。書道も左手では書きにくいでしょうね。

先にも触れましたが、両手前均等の方がいいですね。

私は自転車に右から乗る練習をしました。後ろ向きでも乗れます。

反対駈歩

さて、発進も維持もできるようになったら、反対駈歩に挑戦しましょう。説明します。イメージを持ってもらいます。

輪線運動から直線に入り、半巻きをしてそのまま輪線運動に入ります。右手前で発進したなら、後半の輪線運動は左回りです。

これを反対駈歩と言います。

本当は不自然な運動です。当たり前のように馬はやめてしまいます。走りにくいのです。

走りにくいのに走らせようようとするのですから、難しいです。難しいので、初めは輪を大きくし長い時間しません。右手前の輪にもどすか、駈歩をやめ速歩や常歩にします。馬にとって難しいことを無理にやらせ、失敗したからと責めるのは下手なやり方です。

これは生徒さんの指導も同じ考えです。

「いや俺たちはそうやって教えられた」と、苦しかった練習を自慢する人がいますね。

「だからおれも教える時はそうする」と、親の仇のように生徒さんを責めている場面を見ます。ついでに言うと、分かりやすく言うのは損だとばかり、わざと分かりにくく言って
「こんなこともできないのか」と目じりをつり上げる人もいます。何か変だと思うのですが。

反対駈歩のポイントは内方姿勢の維持です。

左回り中も、右内方姿勢を維持します。

「右の腰を前へ前へですよ」

馬は外に向いていることになりますね。

反対駈歩で内方姿勢の維持を練習すると、正手前の駈歩が上手になります。

正手前とは、右回りを右手前で進むことです。

馬にも得手不得手があることはもう分かっていると思いますが、右なら右の反対駈歩が何としてもできない馬もいます。

先生に修正していただくしかありません。

可能な限り生徒さんには、できる馬で練習させてあげたいですね。できない馬で無理に

やっていると変な癖がついてしまうし、何より自信をなくします。

もし生徒さんに、チャンスが訪れ、苦手な反対駈歩を修正するとしたらどうするか、基本の考え方を伝えておきたいですね。馬のことですよ。

右手前の反対駈歩ができない馬は、そもそも右手前の駈歩が上手ではありません。だから右の正手前の駈歩をしっかり練習することです。

まず上手な発進。輪線運動。輪の大きさを変える。最低でも直径十メートルぐらいの大きさはできるようにする。直線運動を入れる。

これらが楽々できるようになったら、なるべく大きな輪の反対駈歩を半周やって、また正手前にもどす。

少しずつ、半周を四分の三にしたり、輪を小さくしたりしていきます。

輪は最小で直径二十メートルができれば十分です。

難しいですが、丁寧にやって成功に導ければ、馬の柔軟性と従順性が得られます。生徒さんに是非やらせてあげたいですね。

失敗しないことが大事。失敗させて責めても馬は分かりません。

上手にできなかったのが、まぐれでできることがあります。私は沢山褒めて、その日の練習はやめます。また明日です。一晩寝かせます。

「まぐれかも知れないから、確実にできるようにしなければ」と調教を続けることを、私はしません。もしまぐれだったとしたら、次は失敗してしまうかも知れません。きっと失敗すると思います。また一からやり直しです。

「一回できたんだから、できない訳がない」と、さらに馬を責めているのを見ます。馬が本当に可哀想です。

「良からんは不思議、悪からんを一定と思え」という、好きな言葉があります。できるのが当たり前ではありません。人の都合を押し付けるのではなく、馬にも言い分がありますので、是非聞いてあげてください。

「いやー、たまたまできたんだが、自分でも訳が分からんかった」

もう一つ、昨日できたから今日もできるとは限りません。昨日できたなら、今日はより一層丁寧にやってあげましょう。

「必ずできるようになるから心配ないよ」と言ってあげた方が、馬は頑張れると思います。

生徒さんの指導も同じです。

もう一つおまけです。

駈歩から速歩に落としたいのに、なかなか落ちてくれない時がありますね。

例えば今左手前の駈歩をしていて、速歩にしたいなら、停止の扶助と同時に内方姿勢を崩します。

真っすぐにするか、右内方もどきにするのです。


「駈歩しにくい」


反対駈歩の時と同じです。反対駈歩は内方姿勢とは反対方向に進むため、駈歩をやめてしまうのが当たり前でしたね。

その考えをテクニックとして応用するのです。

内方姿勢もどきなどという馬術用語はありません。顔だけわずかに外に向けてみてください。駈歩をしにくくするのです。

ブレーキだけで駈歩から速歩に落とそうとすると、馬の口に強い負荷がかかります。体勢を崩す方法を使うと、口への負荷を大きく減らすことができます。

また、馬に優しい馬術になりますね。


「その方がいいなあ」

さあ、もう相当なことができるようになりました。

「あとは、常歩、速歩、駈歩を自由に組み合わせて楽しんでください」

生徒さんにとって、待ちに待った瞬間です。

もう一度、半停止

「最後にもう一つだけ」

ここでもう一度、半停止の説明をしましょう。

馬術は「内方姿勢」と「半停止」でできていると言いました。

半停止は字からしても、止めるための技術と考えてしまいます。

勿論そうですが、もう少し深く考えてみましょう。

何か行動を起こそうとする時、必ず準備しますね。

例えば歩いていて、あの点からダッシュしようと思ったら、その手前で何か準備しますね。体を沈めるとか息を吸っておくなど。

決められた点からではなく、コーチがパンと手を叩いたらダッシュするとしたらどうでしょう。ただぼんやり散歩するような歩きではありませんね。

ボクサーが、いつでもパンチを出せる状態。

一瞬の間のようなもの。

間と言えば、超一流の噺家は、ただダラダラしゃべりませんね。むしろ、しゃべっていないところで笑いをとる。

また話がそれました。

馬術も同じです。運動を起こす時、必ず「何か」があります。何かが必要です。力を溜めるとか、一瞬集中するとか。

大きく違うのは、馬術は馬と人との共同作業だということです。人だけで勝手にやるのではありません。勝手にはやれません。自分の考えを馬に伝えて、馬にやってもらわなければなりません。

常歩から駈歩に発進するとします。

何の予告もなく駈歩の扶助を出しても、馬はとまどうだけです。


「言ってよー」

予告というのは、いい表現かも知れません。

「次、駈歩いくよ」

「OK、いつでもどうぞ」

この予告どうやるかというと、ここで登場するのが「半停止」です。

「胸を開く、肘を曲げる、踵を下げる」そして体を固くするでしたね。

「オッ」

一瞬集中し、次の合図を待ってもらいます。

一瞬です。一瞬でいいのです。

馬が準備して待っているところへ合図を出すので、勿論、一発駈歩発進です。

運動の切れ目切れ目にも必要ですね

四角い蹄跡を一周するだけでも四回曲がりますから、四回半停止の扶助を使います。

「煩わしいなあ、面倒臭いなあ」と思わないでください。

自分で走って蹄跡を一周する時も、曲がる時は必ず何かしています。でなければ曲がれないし、転ぶかも知れません。

自分がやるのと同じことを馬に伝えるのです。

自分が走っていて曲がる時、何をしているでしょう?

まず「曲がろう」と思いますよね。曲がろうと思わなきゃ、絶対に曲がれない。

ちょっとスピードを落とすかも知れませんね。

大人ならどうってことないでしょうが、幼児がやるとしたら大変なんじゃないかなあ。

幼稚園などの運動会で転んでいる子をよく見ます。

大人は何万回も練習して、無意識にできるようになりました。そして、ほんの僅かの変化で済むようになりました。

半停止の扶助も、何回も何回も丁寧にやっていると、馬が敏感になってきます。反応がよくなります。それは驚くほどです。加える力が小さくなります。

徐々に、人馬共、常に互いに注意を払うようになります。

常に半停止状態です。

そうなれば、まるで馬が自分の意志で運動しているかのように見えます。

そこまで極めたいものですね。

「内方姿勢」と「半停止」を常に意識して練習に励んでもらいましょう。

ピットボーイで練習していた時のことです。

馬場に鏡がありました。鏡と反対側の蹄跡を速歩中に「鏡の前で止まろう」と思った瞬間、ピットくんはぴたっと止まりました。「止まろう」と思った時、私の体に何らかの変化があったのかも知れません。

そこで止まろうとしたのではなかったのですが、ピットは「止まろう」とする心の中を感じてくれたことに驚きました。

「君はそこまで分かるのか」と最大級の愛撫をしました。

もう一つ、ピットで驚かされたことがあります。

内方姿勢をとろうとして、内方の腰を前に出すと、まるで私とピットの腰が紐で繋がっているかのように、ピットの腰も前へ出て内方姿勢になりました。外方の脚で腰を内側に入れたのではありません。錯覚だったかも知れませんが、得も言われぬ一体感でした。その感覚は、それ以後も続きました。他の馬では、まだそこまでいっていません。

さて、駈歩までできるようになりました。ここからは上手になるためのおまけです。

学生たちを指導する時、よくクイズを出しました。

「乗馬をする上で、最重要なもの二つはナーンダ？」

学生たちは一生懸命考えます。

「体力」「運動能力」「柔軟性」

「ウン、そういうものも大事だなあ」

私が欲しい答えではありません。質問の角度を変えてみます。

「乗馬をする上で、不可欠な二つはナーンダ？」

「馬です」

正解。馬がいなければ乗馬はできません。馬を大事にする人は、必ず上手になります。例え技術が足りなくても、乗せてくれる馬に心から感謝できるなら、それはすでに人馬一体の境地と言えます。

勿論逆もあります。大事にできない人は、いくら上手そうでも、それは見せかけです。競技会で何度優勝しようと、馬術をする目的の人馬一体の境地には至れません。断言します。

「もう一つは？」

これはなかなか出てきません。

「不可欠のものだぞ」

「あっ、馬場ですか？」

正解。馬に乗る場所が無ければ練習できません。

馬と同じように、馬場を大事にする人は、必ず上手になります。

馬場の整備ですね。まずは安全のため。そして馬の肢への負担を軽減するため。

冬、北国の馬場は凍結します。固くて乗れません。滑ることもあります。

雪が降るといいクッションになりますが、踏むと凍るのですぐ乗れなくなります。

学生時代、馬場の外は全部畑だったので、雪を踏んでいない所を探して、昨日はあちら今日はこちらと移動したものです。

それで、野外が強くなったのかも知れません。

春、凍結した馬場が溶け始めると、今度は水流しをします。溶けた水を流せばそれだけ早く馬場が乾きます。

私はこの作業が大好きです。春、大学馬術部へ行く最大の楽しみは、この水流しです。一日中やっても飽きません。練習せずに水流しばかりやった日もありました。学生たちも楽しそうにやっていました。

「水がこっちからあっちへ流れるの、先生はどうして分かるんですか?」

「えっ?」

今の若者は、水たまりで遊んだことがないのかなあ?

私が高校の先生だった時、こんなことがありました。

インターハイが宮崎県綾町で開かれ、生徒を引率して行きましたが、あいにく台風直撃の悪天候でした。

幸い屋内馬場があって、開会式はそこで行われるとのこと。

「競技も屋内じゃあないかなあ」と、ささやく声が聞こえました。

空模様を見れば、当然の判断かも知れません。

私は外の競技会場を見に行きました。すでに障害も設置され、競技開始を待つばかり。

ところが大雨で、馬場全面が湖状態。

中へ入ってみました。深い所は二〇センチもあります。

「無理だな」と思いましたが、足裏の感触がよい。ヌルヌルしないのです。よい砂を使ったのでしょう。

「イケる。水を流せば使える」と、確信しました。

ところが馬場の周りの方が高い。水を外に流せない。

「クソッ」

しかし、ここで諦めるような男じゃない。高校生が一年間必死に頑張って勝ち取ったインターハイじゃあないですか。屋内馬場ではやはり狭い。よい条件で競技させてやりたい。

「馬場の外に溝を掘れば、水は流せる」と、再びの確信。

スコップを借りて掘り始めました。

「何してるんですか？」

馬場にいた数人が集まってきました。若い人ばかり。女子高生らしき子もいます。手伝いで駆り出されたのでしょう。

確信を語ると、パッと嬉しそうな笑顔。みんな外の馬場でやるつもりで準備してきたので、外でやりたいのです。常識豊かなエライ大人がいなかったのが幸いでした。

百メートルは掘らなければならないのに「掘りましょう」と、全員スコップを手にしてくれました。大雨の中、中島みゆきの「地上の星」を脳内再生しながら、必死に掘り進めました。

その頃屋内馬場では、皇族の方をお迎えしての開会式が行われていました。係の人たちは、皆その対応に追われていたのでしょう。

「先生はどっから来たんですか？」

「北海道。みんなは学生さんかい？」

「高校二年です」などと、楽しく雑談しながらの重労働。

何時間頑張ったのか、最後のひと掘りで、水は轟々と喜び勇んで流れ出しました。

「ヤッターッ」「バンザーイ」

雨と汗と泥まみれ。でも、みんなこれ以上ない笑顔。彼らは選手ではなかったかも知れないが、間違いなく金メダル。

「これで勝った」と、私は三度目の確信。

「先生、何処へ行ってたんですか？」と、本校の生徒たち。宿舎へ帰る冷房の効いたバスで汗が冷え、私は風邪気味になってしまいました。

翌日、台風一過、快晴。馬場の水も流れ、前日の金メダルの若者たちと眼を合わせ、「やりましたね」とにっこり。

障害の一部を少し移動させただけで、問題なく競技は行われました。

本校は決勝まで勝ち進み、決勝は僅差で負けました。準優勝でした。涙がこぼれました。

私は馬場整備が、馬に乗ることより好きかも知れません。

乗馬クラブの生徒さんにも、馬場の整備を手伝わせてあげましょう。必ず乗馬が上手になります。

姿勢の矯正

さて、初心者だった生徒さんもかなり乗れるようになりました。

もう気付かれたかも知れませんが、私は姿勢の矯正をほとんどしません。

言い替えます。型にはめ、見た目の形を強制することはしません。

何故かと言うと、固くなるからです。とにかく固くなるのはダメです。

乗馬の練習は何を目的にしていますか？

そうですね。上手に乗ることです。何が上手かは、色々考え方があるでしょうが、固いと上手に乗れません。

では上手になる方法は何ですか？

よく動いてくれる馬に乗るのが一番じゃないでしょうか？

同じことですが、よく動く馬に乗れるのが、上手な人ですね。

子供の頃、テレビで観るカウボーイに夢中になりました。

ローハイドのクリント・イーストウッド。拳銃無宿のスティーブ・マックィーン。

馬を自由自在に乗りこなしていました。

猛スピードで走る、急停止、急旋回。牛の群れを追う。馬上でロープを使う。

ライフルやピストルを撃つ。カッコよかったですねえ。

私は木を削って作ったピストルを腰に下げ、我が家の農耕馬で主役を演じたものです。

彼らカウボーイに対して、拳の位置がどうの、脚がどうのと言いませんよね。

あれ程激しく動く馬に乗れるのですから、上手と言うしかありません。

私たちが取り組んでいる馬術も、初めから、こう乗らねばならないと決め事があったのではないはずです。

「あの人馬カッコいいなあ」

どうやったらあんな風に乗れるのだろうと、研究したのだと思います。

騎手の姿勢は、馬に何を要求するかによって変わります。

同時に、馬が要求通りに動いてくれているかどうかを感じて、それを維持するのか、更に何かを足すのか引くのかを判断しなければなりません。

それにより姿勢を変える必要があります。

馬もどんな運動をするのかによって、フォームを変えるのと同じ原理です。

人馬共、互いに動いている中でのバランスです。

一瞬たりとも同じ形、つまり、型通りというのはありません。

そのようなことで、私は、いわゆる姿勢の矯正はしません。

でも、生徒さんには、見た目にも綺麗な姿勢で乗って欲しいですよね。

手はあります。

見てもらうのです。綺麗な姿勢で乗っている人馬を、繰り返しくりかえし見てもらうのです。

先生が美しい演技を見せてあげるのが一番よいのは間違いありません。

今は映像が沢山あります。憧れの人馬を決め、寝ても覚めても見て、眼に焼き付けるのです。脳に刷り込むのです。

いつか自然に、その流れに乗っている自分を発見することでしょう。

障害

自由飛越

障害飛越の指導方法について、整理してみましょう。

よく調教された馬で、安全第一を心がけて進めましょう。


できることなら、まず自由飛越の見学をしてもらいましょう。

調馬索でもいいですが、できれば自由飛越場で行いましょう。完全に自由な状態での飛越を見て欲しいからです。

どちらにしろ、よく調教され、落ち着いて飛越できる馬を選びます。

競技会では、コースを興奮して回っている人馬をよく見ます。

飛びたくない馬を、力ずくで無理やり飛ばせたり、拒止した馬を鞭で叩いたりしています。生徒さんには、障害飛越に対して、そういう印象を持って欲しくありません。

それでは自由飛越を始めましょう。

生徒さんには先生のすぐ側にいてもらいます。説明しながら進めるためです。

馬の動きに合わせて先生は移動するので、先生の側にいるのは大変かもしれませんが、それも練習です。

時には、障害をつくる手伝いをしてもらったり、馬を保持してもらったりしてください。離れたところで見ていると、見ているようで見ていないものです。

何人かで見ていると、雑談に花を咲かせてしまいます。

後々自分で調教するようになった時、先生と一緒に動いて体験したことは、体が覚えていて必ず役にたつはずです。

場慣らしとウオームアップの後、初めは地上横木からです。

常歩でまたぐのが理想です。一本から数本まで。

「よく見てください」と、着眼点を説明します。

「横木をのぞき込むようにしているでしょう」

馬は横木の前で頭を下げて、よく見て確認しているように見えます。今からまたごうとする物を、しっかり見ようとするのは当然ですね。

常歩で落ち着いて通過したら、速歩に移行します。

左右手前を変えながら進めましょう。

次に障害をクロスにして、馬が飛越するようにします。

馬が失敗しないように低く設置します。失敗すると馬が戸惑うからです。人も飛ばせようとして追ってしまうと、次に向かう時、興奮してスピードが上がり、飛越体勢を上手にとれなくなってしまいます。

馬にもよくないし、見学している生徒さんにもよくないです。

あくまでも、馬の意志で飛越する体勢を見てもらいたいのです。

またぐのではなく、飛ぶ体勢になるように工夫します。

速歩で向かわせるのがいいでしょう。

やはり障害をのぞき込むようにしてから飛びます。

障害上を通過する時は頭頸を伸ばし、着地の時は頭頸を少し上げます。そうやって頭頸を動かしてバランスを保っているのでしょう。

「頭頸の動きを邪魔すると、馬は飛びにくくなります」

飛びにくくされると思うと、馬は飛ばなくなります。騎手は飛ばせたいので推進を強くします。そうすると、スピードがあがり興奮し、馬は踏切の位置の判断を間違えたり、飛越体勢を崩したりして更に飛べなくなってしまいます。

自由飛越を見てもらいながら、ここまで説明できるといいですね。

「見てください。馬は追わなくても飛びますよ」

「本当ですね。馬は追わなきゃ飛ばないものと思っていました」

もう馬は走っていません。生徒さんと先生の話を聞いています。

「どの障害を飛ぶのかさえ教えてもらえれば飛びますよ」

何故自由飛越を見てもらうのかを、もう一度整理しておきましょう。

一、飛越する時、頭頸を動かしてバランスをとること（騎手はその動きの邪魔をしない）。

二、飛ぶ意志があれば、馬は追わなくても飛ぶこと。

「とは言っても、自分だけでは判断しきれないこともあるので、最低限、気持ちのいい駈歩で、障害の真ん中に真っすぐ連れて行って欲しい」

随伴《ずいはん》

馬が障害を飛越する時は、馬の動きを邪魔しないようについて行くことが最も大事です。

これを随伴と言います。特に、頭頸の動きは絶対に邪魔してはいけません。

騎手は体を前に倒し、拳も前へ出します。

その動きを、生徒さんに地上でイメージトレーニングしてもらいます。

上体は真っすぐのまま、膝を曲げて立ちます。

先生は後ろに壁をつくります。

「上体を前に倒してください」

生徒さんは前につんのめってしまうはずです。何度やってもできません。できるはずがありません。

後ろの壁を外して、もう一度やってもらいます。今度はできます。でも重心が前気味になり、つま先に力が入ります。

「足の裏全体に力を感じながらやってください」

上体を真っすぐにし、膝を曲げ、前傾しますが上手くできません。

「お尻を後ろに引くようにしてください」

足の裏全体に力を感じながら尻を後ろに引くと、バランスを崩さずに上体を前に倒すことができます。バランスが崩れないので、すぐ元に戻れます。

バランスが崩れないことが、何より大事です。

綺麗な随伴姿勢ができました。

素早くできるように、地上で何度もトレーニングしてもらいましょう。地上でできないことは、馬上でもできません。

因みに、私は障害姿勢と言うことにしています。

学生時代は前傾姿勢と言っていましたが、前傾と言われると前に倒すものと思ってしまいます。

体を前に倒すことが大事なのではなく、馬の動きを邪魔しないことが大事なのです。

いつの間にか2ポイントという言葉が出て来ました。3ポイントという言葉も出て来て、何が2か3か分からないので、障害姿勢と言っています。

騎乗

さて前置きが長くなりましたが、いよいよ乗ってもらいましょう。
障害飛越用の鞍があるといいですね。
馬場運動用の鞍とは、形が大きく異なります。
総合鞍というのもありますが、総合競技用という意味ではありません。
鞍は高価なものですから、馬場運動にも障害飛越にも使える兼用です。
まず誰かに馬を保持してもらい、生徒さんに指示します。
「膝と膝をくっつけてください」

図《ず》のように、鞍《くら》の上部で膝と膝をくっつけてもらいます。

足の裏が水平になるようにすると力が入ります。

「ハイ、立ってみてください」

「エーッ、無理」と、生徒さんは思うようです。できそうもない。

思い切ってよいしょっと尻を上げると、案外できます。

「立ったりつぶれたりしてください」

前のめりになったり、鞍に座ってしまったりします。

図6　立ったり・つぶれたり

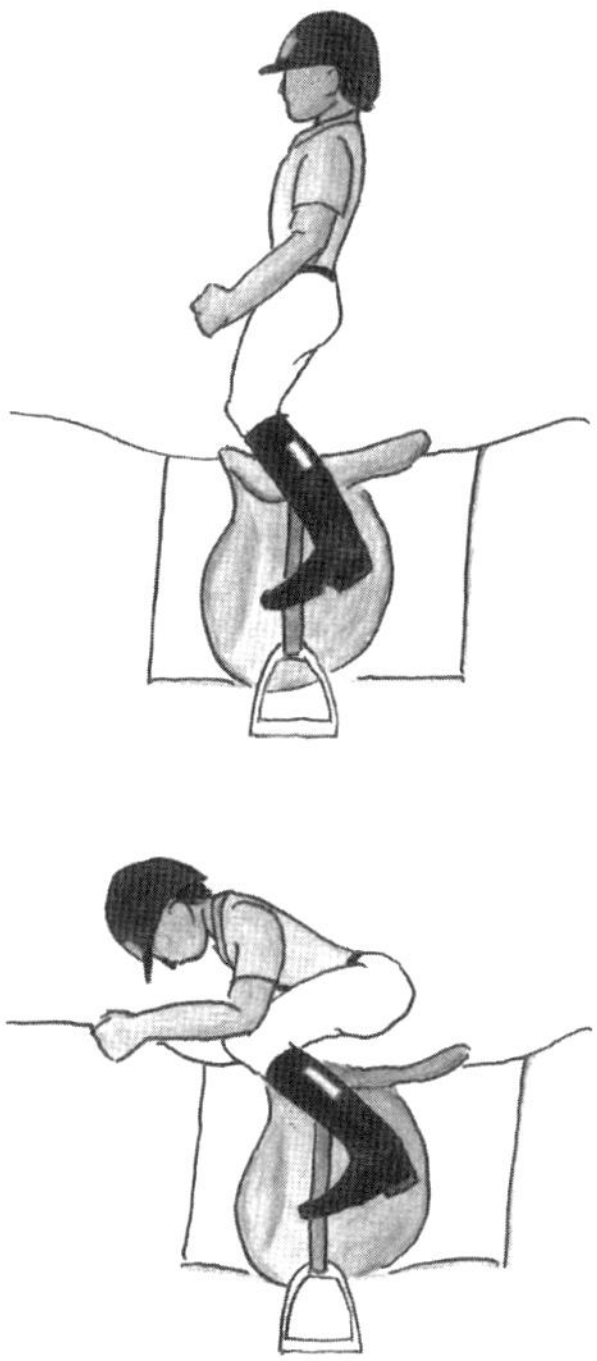

「地上でのイメージトレーニングを思い出してください」

「そうだ、お尻を後ろに引くんだった」

もう一度膝と膝をくっつけて立ち上がり、尻を後ろに引くと、今度は上手くできました。何度も立ったりつぶれたりしてもらいます。


「次は鐙金の上、鐙革につま先を入れてやってみてください」

すでに鐙革は短くしていますが、鐙にではなく、鐙革につま先を入れます。深く入れると、もしもの時外れないので、浅く入れてください。

「ハイ、立ってみましょう」

今度は楽々です。バランスよく、立ったりつぶれたりしてもらいます。

「踵が上がらない方が安定しますよ」

膝は鞍の上です。鞍に接触していません。鐙革に入れたつま先で、完全なバランスを保っています。

「4コーナーを回りました、最後の直線です」

もうすっかりジョッキー気分です。

生徒さんはジョッキーさながらに、拳を前へ前へと出し、追いだす真似をしています。

「ハイ今度は鐙を踏んでみましょう」

あらかじめ短くしてあった鐙を踏みます。

やっと膝が鞍の中に戻って来ました。これで、バランスがよりよくなるはずです。

「真っすぐ立ってください」

楽々できます。今までやった二段階で、鐙の使い方が上手になっているのです。

「ハイつぶれて」

これ以上はいかないというところまでつぶれます。

これが意外と上手くできない。原因は分かりますが、すぐには言いません。

「胸も腹も馬体に着くようにしてください」

前のめりになり、バランスが崩れています。

何故でしょう？　生徒さんに考えてもらいましょう。

答えは、膝で絞めてしまうからです。今までの二段階では、膝を使おうとしても、膝が鞍の上に出ていたので使えなかったのです。

純粋に足の裏だけのバランスでした。つまり地上でのイメージトレーニングと同じだったのです。

膝が使えるようになると、膝に頼ってしまうのです。

「地上でのイメージトレーニングを思い出してください」

まだ解答は言いません。

生徒さんは、立ったりつぶれたり。色々考えながら工夫しています。

「アメリカで教えた時は『タッテーベチャ、タッテーベチャ』と言ってやってもらったんですよ」

「立ってーべちゃ、立ってーべちゃ」と言いながらやっています。

だんだん速くできるようになり、バランスもよくなりました。

「そうそう、いいですよ」

膝も固く固定されず、柔らかく動いています。

「何故上手くいかないか、分かりましたか?」

上手にできるようになってから、質問します。答えを言葉にして欲しいのです。

何となくできると思っていることは、できなくなることがありますが、言葉にしておくとそこに戻れます。また、後輩にもしっかり教えることができます。

「膝に頼ってしまって、鐙に純粋に乗れていないように思います」

「常歩でやってみましょう」

やはり歩き出すと難しくなりますが、すぐできるようになります。

「大学ではペコペコ体操と言っていました」

「太ももと腰にけっこうきますね」と、生徒さんは汗びっしょりです。

「そうでしょう、やっぱりランニングは必要ですね」

止まってもらって、もう一つ付け加えます。

「女性演歌歌手になったつもりで」と、訳の分からない指示です。

女性演歌歌手が、曲の前後でする「お辞儀」を思い浮かべてください。

少し腰を沈め、腹、胸、顔の順で、ゆっくり、しなるように前に倒していきます。

体を起こす時もしなやかに。

「さあやってみましょう」

生徒さんは照れくさいかも知れませんね。

「あなたは誰ですか？」

「石川さゆりです」

「どちら様ですか？」

「美空ひばりです」

集団で練習していると、色々な歌手が登場して賑やかです。

若い人は演歌を聞かないらしく、もう一つピンと来ていません。でもいいんです。楽しく笑ってやれれば、一番大事なリラックスが得られます。


速歩に移りますが、ここでもう一つ加えます。

「拳と膝と鐙でバランスをとってください」

「今までやっていたことと違うやん」と、生徒さんは思うでしょうね。

「バランスをより完璧なものにするためです」

速歩（いずれ駈歩）になり、動きが激しくなると、鐙の上だけでバランスを保つのは難しいです。そこで、拳を頸すじに置き、膝も自然に締まるようにします。

鐙が短くなっていますので、長い鐙の時より、つま先は前へ向き、巧まずして膝は鞍に寄っています。そこに体重が掛かり自然に締まります。

「膝は絞めるのではなく、絞まるのです」

こじつけではありません。地上でやってみてください。

「踵は下げるのではなく、下がるのです」と似ていますね。


さて、速歩をしてみましょう。

速歩は上下動です。関節という関節を全部使ってクッションにします。

リラックスして乗ればいいことですが、私は、むしろ積極的に下半身を動かしてクッションにしてくださいと、指導して来ました。

軽く前傾して、頭の位置が変わらないようにします。

カーリングの石のように。皆さんカーリングを知っていればいいのですが。

とにかく頭が水平にスーッと移動するように、頭以外の全身を動かしてください。

モトクロスバイクのように。スキーのモーグルのように。

目線を変えないこと。バランスを保つために、目線は大事です。

どんなスポーツも、一流選手は目線がぶれないようです。

陸上のハードルも頭の高さが変わらないのですね。びっくりです。

騎手が上手にクッションを使って乗ってくれると、馬も走りやすそうです。尻は鞍から浮いていますので、背を打つこともありません。走りやすい、イコール前進気勢です。馬は気持ちよく前へ出てくれます。

「拳を目いっぱい前へ出してください」

深く前傾してみます。そして、また元の軽い前傾へもどります。

馬上で動いて、バランス感覚を磨きます。

拳はき甲から頭へ、頸すじを雑巾がけするようにやってみましょう。

もし馬がスムーズに前へ出てくれない時は、先生が補助してください。

「前へ出せー」とやると、生徒さんはとたんに力んでしまい逆効果です。

「そうそういいよ、リラックス」と言いながら、追ってあげましょう。

先生は大変ですね。

障害姿勢での速歩で、脚は使えないと私は言っています。

いっそ断言してしまった方がいいかも知れません。

とにかく固くなるのはダメです。力んで脚で馬体を絞めて、間違って前へ出たとしても、それはあくまでも間違いです。

リラックスして馬が前へ出るようになるまで、先生は追ってあげましょう。

そんなに長くはかかりません。

何故かと言うと、バランスが崩れないからです。

拳を頸すじに置くことが大事です。

生徒さんは大安心です。安心はリラックスに通じます。

上級者は「拳を頸すじに置くのはダメだ」と言います。そして、それを初心者にも要求します。初心者もカッコいい上級者を真似ますので、頸すじに拳を置くなどとんでもないと思い、試そうともしません。

何が大事ですか？

そうです、リラックスしバランスを崩さず馬の動きに付いて行くことです。

それがよい姿勢の条件です。

ただ形なんかどうでもいいというのではありません。

同じ形に固定すると考えるのはダメです。

馬の動きに合わせてしなやかに。

障害姿勢での速歩は、拳と膝と鐙でバランスを取ると言いました。

そのまま地上横木を通過しましょう。

障害の前で拳を前に出し、たてがみをつかみます。

頭頸が前に伸びたり、上下動したりするので、肘の曲げ伸ばしで付いていきます。下半身のクッションも使います。

横木は数本で十分です。馬がまたぎやすいように、幅を調整しましょう。

ここがポイントです。

馬がまたぎやすいようにします。馬のスピードにも依りますので、何センチでなければならないと決めるのは間違いです。状況をよく見て幅を変えるのが正解です。

また、調教が進めば、横木は平行でなくてもいいです。ばらばらに置かれていると、馬はよく見て注意深く通過します。

こういうことも生徒さんに教えてあげると、興味が増すようです。

「ああ、そういうやり方もあるんだ」

人馬共に慣れて来たら、生徒さんに課題を出します。変化を付けるのです。変化の一つの例。通過の際、胸も腹も馬体に着けてみましょう。「死体になれ」という号令をつくりました。力を抜いて馬の背にべたーっとつぶれて、死体のようになるのです。つぶれた時、顔を頸すじの右に落としたり左に落としたりします。これに号令はありません。自由にやってもらいましょう。障害姿勢の練習を始めた時に、止まったままでやっておくといいですね。何でもいいです。とにかく馬上で自由に何でもできるようにしたいですね。

連続障害を通過してみましょう。高さ四〇センチ以下の連続障害は、人馬の訓練に大変有効です。馬が失敗しないように、障害間の距離とか組み立てに、細心の注意を払いましょう。危険ですし、馬が恐怖心を持つことがあります。地上横木で配置の練習をしたのが活きますね。「たてがみは触るのではなく、つかむんですよ」

学生などに聞くと、つかむのは易しくないそうです。しつこいくらい何度も指摘しましょう。まずは安全のため。そしてつかんでいると、頭頚の動きをよく感じることができます。後で大きな障害を飛ぶ時、頭頚の動きを邪魔せず、特に口を引かずに飛越する感覚を会得するのに、必ず役にたちます。

たてがみに拳を置くとか、触る程度では不十分です。つかむのが難しいとすれば、つかめるようになれば上級ということです。

三点、つまり、拳、膝、鐙でしっかりバランスをとるには、かなり筋力が必要です。何しろ尻を浮かしたままです。筋力が足りないと、姿勢を維持できません。つい楽をして鞍に座ってしまいます。

生徒さんに「キツイ」と思ってもらえればしめたものです。馬に乗るだけでもトレーニングになりますが、やはりランニングぐらいはしたいですね。そこまでしてでも、尻を浮かした姿勢を確かなものにしましょう。

「軽速歩」

ここで初めて軽速歩です。

「姿勢自由」

特に学生の指導で私がよく使う号令です。

何でも指示を待つのではなく、自分で考えて欲しいからです。

先生にも覚悟が要ります。自由と言ったからには、自由を認めなければなりません。何でもありです。

「歩度を伸ばせ」

当然脚を使います。

「軽速歩やめ」

尻を浮かした障害姿勢。三点で支えます。

この繰り返しで、推進するには軽速歩を使うことを覚えてもらいます。

軽速歩で馬を元気にしておいて、尻を浮かした姿勢では、とにかくバランスを崩さず、柔らかく付いて行くようにします。

軽速歩では姿勢自由と言っていますので、拳を頸すじから浮かしてもいいです。

浮かさなくてもいいですが、浮かした方が無理なく自然に乗れるかと思います。

ここまで来れば、最初に障害姿勢と指示するだけで、あとは姿勢自由でいいと思います。

馬の前進気勢が足りないと思ったら軽速歩を使って推進し、また尻を浮かした姿勢に戻るのです。

伸び伸びと、自由に楽しんでもらいましょう。

ここからは秘密です。

経験を積み、馬の反応がよければ、尻を浮かした姿勢でも馬を推進することができます。

簡単ではありません。

早い段階でそれを言うと、できるはずなのにできないと力んでしまいます。

力んでしまうぐらいなら、いっそできないと断言した方がいいです。

とにかく固くなるのはダメです。

「固くなるのは絶対ダメですよ」と何度も言いましょう。

回転

速歩で左右の回転の練習をしましょう。

「重心の移動と、開き手綱を使います」

進行方向の鐙を少し強めに踏むようにするといいと思います。馬の顔を進行方向に向け、重心を移動するだけでも回転してくれます。

直進している時のバランスがよければ、ほんの少しの変化を感じて、馬は反応してくれます。三点でしっかり支えて、バランスよく乗るのが何より大事です。

もし、馬に上手く伝わっていないと思ったら、開き手綱を使ってください。

頸すじに置いた拳を、片手だけ行きたい方に開きます。残した拳でバランスを保ちます。

障害を飛ぶのは大変なことです。飛ぶことに集中してもらいたいので、扶助は単純で分かりやすい方がいいですね。

駈歩

いよいよ駈歩です。

形は同じです。尻を浮かした軽い前傾。拳、膝、鐙の三点で支えバランスを保ちます。

駈歩はシーソー運動でしたね。

シーソーの支点と馬の重心は同じ点です。その重心から鐙がぶら下がっています。鐙にしっかり乗れていれば、重心に立っていることになりますので、ほとんど揺れないことになります。

正姿勢（馬場運動の時の姿勢）より、尻が浮いている分、楽に乗れるはずです。

そういう理由で私は、駈歩練習は障害姿勢で始める場合があります。

その方がいいかも知れません。

シーソー運動ですから、たてがみのラインが上下動します。

騎手の頭から背中にかけては動かないようにします。拳を頸すじに置いていますので、肘の曲げ伸ばしは必要です。

これらのことを説明して、生徒さんが大まかなイメージができるようにしてあげるといいと思います。

先生がちょっと乗って、説明しながら見せてあげるのが一番です。

三分で済みます。

「自由にやってみてください」

駈歩の発進から、生徒さんに任せます。

安全のためです。生徒さんが十分準備してから発進すべきです。

「いつでもいいですよ」

「速いと思ったら止めるんですよ」

待ちます。

やってみればそれ程難しくはありません。

生徒さんがバランスを保てるように、最低限のアドバイスをします。バランスが崩れると、馬は駈歩をやめるか走り出してしまいます。

頸すじに拳を置いていれば、馬の口への負担は大きくならないので、案外スムーズに駈歩を持続してくれるはずです。

「そうそう、いいですよ」

少しでもできたら沢山褒めてあげましょう。

何度も休めを入れながら、ゆっくりゆっくり進めましょう。

まだまだ駈歩で障害は飛びません。まだ肝心なことが残っています。

スピードコントロール

障害飛越で大事なのは、馬が飛びやすい体勢で飛べるようにしてあげる随伴と、コース取りとスピードコントロールです。

随伴については前半で説明しました。

コース取りは、いかに障害の真ん中に真っすぐ馬を誘導するかです。

これはスピードコントロールと関連しています。

スピードが速すぎるとコントロールできず、真っすぐ真ん中に向けられない場合が多いです。さらに、速すぎると、馬は踏み切り位置を見極められなくなるのと、飛び方が低くなり障害を落とします。

ここで必要になるのが「半停止」の技術です。

「以前やりましたね」

「そうです。どうやるか覚えていますか？」

「胸を開く、肘を曲げる、踵を下げる。そして体を固める」

「そうです。それを鐙の上でやるのです。やってみてください」

「拳は頸すじから離れてもいいのですか？」

「自由です」

生徒さんは自由に慣れてきました。

常歩、速歩、駈歩で、歩度を縮めたり伸ばしたり、色々試しています。

先生は安全に気を付けます。

「縮める時は、頭頸を上げてもらうようにしてみてください」

当然ハミに負荷がかかるので、馬は嫌かも知れません。

「ほんの少しでいいです」。

馬のフォームをほんの少し変えるのです。

歩度を縮める時は頭頸を高くし、伸ばす時は低くするものだと生徒さんに意識してもらいます。

生徒さんも、縮める時は上体を起こし、伸ばす時は前傾を深くするなど、教えなくても自然にやるようになりました。

練習の後に「そうなっていますね。いいですね」と、言ってあげましょう。

そうすると、どんどん自分で工夫するようになります。楽しいからです。

さて、頭頸が高くなると、馬の重心は後ろへ移動するはずです。

ところが、重心がズレると、馬はバランスを崩してしまうので、重心を元に戻そうとします。馬の背骨は固く丈夫にできているので、頭頸が高くなった分後躯を体の下へ入れることで、重心の位置を修正していると考えます。

重心を支点にしたシーソー運動ですね。

これは経験に基づく私の私論です。仮説です。

きっと文献があると思いますので調べてください。


頭頸が上がり、後躯が馬体の下に入ると、エネルギーが上向きに変わります。

障害を飛ぶには、エネルギーを上向きにしなければなりませんが、それを馬のフォームを変えることで実現させます。

高校時代に習ったベクトルです。

今まで前へ進むために使っていたエネルギーの量を変えることなく、上向きにするのです。改めて推進を強くするのではありません。

エネルギーの何割かを上向きにするので、当然スピードが落ちます。

スピードが落ちるのと、後躯が体の下に入るのとで、回転もしやすくなります。

改めて推進を強くするのではないと言いましたが、推進が弱くてもいいということではありません。障害を飛ぶのですから、旺盛な前進気勢が必要なのは言うまでもありません。

ここで繰り返しになりますが、馬に飛越意欲があることを前進気勢と言います。

落ち着いた態度で障害に向かうのが理想です。

踏切も合いますし、飛越体勢も良く、ミスを最小限に減らせます。

前進気勢があるのと、興奮して向かうのとは違います。

「障害で拒止されるのは推進が弱いからだ」と指導している声をよく聞きます。

正解ですが、ただむやみに追うのとは違います。

習っている人は、拍車も鞭も使い、目いっぱい力んで障害に向かいます。

もう分かるでしょう。馬はどれだけ迷惑していることか。

「ああ、飛びにくい」

でも、飛ばなければ、また鞭でバシバシやられるので、馬は仕方なく飛びます。

「だから言っただろう」と、指導者は鼻の穴を膨らませます。

毎回そんなことをやっていると、さすがに馬も嫌になってしまい、競技場に入らなくなってしまいます。入場したとしても、一つ二つ飛んでやめてしまいます。

「このクソ馬」のレッテルまで貼られてしまいます。

十分な能力を持った馬たちが、不当な扱いを受けています。

誰のせいですか？

馬に、頭頸を高くしたり低くしたりする扶助を理解してもらうと、馬体に力が溜まったまま、落ち着いて障害に向かうことができます。

いつでも飛べる、半停止の状態です。

後は障害前の一歩で手綱を弛め、頭頸を一旦下げてから飛越してもらいます。

自由飛越の体勢で飛ぶのが理想です。

騎手は絶対邪魔しないで随伴できるよう練習です。

飛越の一連の動きを、

「まだだよ、まだだよ、ホラ、手を前、たてがみ」と教えています。

「まだだよ、まだだよ」で、頭頸が上がり、後躯が馬体の下に踏み込み、落ち着いた駈歩で障害に向かう。

「ホラ」で手綱を弛め、一旦下がった頭頸と前躯が持ち上がると同時に、騎手も鐙に立ち、

「手を前、たてがみ」をつかむ。

飛越の放物線の最高点では、馬は水平移動しているだけなので、鞍に尻は戻ってもよいと、ミューゼラー著『乗馬教本』の一五六ページにあります。

そして着地に移行します。

着地の時、馬は前方に伸ばしていた頭頸を上げバランスを保ちますので、騎手はたてがみをにぎったままでも、前に投げ出されません。

「着地で体を起こせ」と指導する声もよく聞きます。

「体を起こさなきゃ」と思う余り、飛越中に体を起こしてしまい、馬の口を引いたり、着地の後に、体を前に投げ出されている場面をよく見ます。

次への対応が遅れ、連続障害を上手に飛べなかったりします。

八〇センチまでの障害で、基本に忠実に、丁寧にていねいに練習しましょう。

将来一三〇センチ以上を飛ぶようになっても、生徒さんは自然な対応ができるようになります。

馬だけのことを言いますと、ワールドクラスで一六〇センチを飛ぶような馬も、普段は八〇センチ程度を色々組み合わせて、丁寧にやるそうです。

さて、もう一度整理してみましょう。

生徒さんも疑問があると思います。質問を受けましょう。

鐙《あぶみ》の長さを調節する

「何故障害飛越の時、鐙を短くするのですか？」

馬場運動の時の鐙の長さと明らかに違います。鞍そのものの形が違います。

「馬場運動の時の鐙は、何のためにあると思いますか？」

逆に質問してみます。これは難問かも知れません。

「鐙が無くても乗れますよね」

「ハイ。上手に踏めないので、無い方がいいと思う時もあります」

「でも、長い馬術の歴史の中で、鐙をとってしまわなかったのには理由があるんだと思います」

一度はこんなことを考えてみるのもいいですね。

「答えはよい姿勢のためです」

「よい姿勢？」

「よい姿勢の条件は？」

「リラックス、バランス、フォロウイング（馬の動きに付いて行く）です」

「鐙は下半身の力を抜くためにあるのです」

仮に鐙が無いとしたら、バランスはどうでしょう？　とりあえずバランスは取れると思います。馬の動きに付いて行くこともある程度できます。

リラックスについてはどうでしょう？

鐙なしで下半身の力を抜くと、脚は馬の腹から離れます。脚を使うには、力を入れて、馬の腹に近づけなければなりません。

言っていることが分かりますか？

実際に乗ってやってみるとすぐ分かります。

ここで鐙の出番です。

鐙につま先を引っかけて、下半身をダランとぶら下げると、何ということでしょう、脚が馬の腹に接するではありませんか。

「何も考えず、自然にぶら下げるのですよ」

つま先を前に向けなければならないと考えている人がいるようですが、それは不自然です。不自然なのはリラックスしていないということです。

鐙の長さが適切じゃないのもダメです。

脚が馬の腹に接しているので、合図を出す時も動きはほんの僅かです。

側で見ていても、脚が動いているようには見えません。

「脚を使っているのでしょうか？」となるのです。

鐙を踏んで初めて、よい姿勢の条件が満たされるので、私は鐙上げの練習を生徒さんに要求しません。それよりは、馬装点検を何度も許し、適切な鐙の長さを見つけるように促します。

「じゃあ障害鐙は何のためにあると思いますか？」

「バランスをとるためです」

「正解。古くは馬場鐙のように長かったのですが、主にイタリアで短い鐙で障害を飛ぶようになったそうです」

「イタリー式と聞いたことがあります」

「最初は邪道だとか言われたでしょうね。何でもそうです。今までに無いことを始めると必ず批判されます」

「そうですね。残念です」

「ところが、短い鐙の方が、圧倒的によい結果を出してしまった」

そしてそれが主流になりました。

鞍のデザインも変化して来たのだと思います。比べてみるとはっきり分かります。

障害鞍は、膝が高い位置に来るようになっています。

鐙が短くなり、下半身は馬体に密着します。密着しているのが自然で、最もリラックスした状態です。

お尻を浮かせるのは何故？

「何故、お尻を浮かせた姿勢を練習するのですか？」

障害飛越は馬体が大きく激しく動きます。

激しく動く物体の上でバランスを保つために、尻を浮かすのです。

「尻を着けて座っていると、とてもあの動きには付いて行けません」

ロデオのようになります。ロデオはわざと座っているのです。その方が派手で面白いからです。

尻を浮かせて下半身を使うことで、騎手は馬の動きに柔らかく対応でき、結果として馬も楽だということです。

「将来大きな障害を飛ぶ時に、鞍に座って推進する場面も出てくるでしょうが、まずは尻を浮かせて、馬の動きに付いて行く強靭な下半身を手に入れる練習をしておきましょう」

およそスポーツで、下半身を強化しないものはありません。

さてここまで来て、何を今更と言われるでしょうが、基礎的な練習が十分できたところで、生徒さんに告げます。

「上体を真っすぐに起こし、鞍に座って駈歩をしてみましょう」

正姿勢で練習していますので、それ程難しくないはずです。

「自由にやってください」

鐙を短くし、下半身が馬体に密着しているので、正姿勢の時よりむしろ乗りやすいかも知れません。

私はそう感じます。

前進気勢が足りなく、いわゆる「重い」馬を推進する時、私は鐙を短くし鞍に座って追います。その方が強い推進になるように思います。


障害競技だけじゃなく、興奮気味で行き過ぎる馬がいますよね。

そういう馬で駈歩する時は、座っているだけで推進になってしまいます。

今は競馬でも、四コーナーを回ってゴール前は、尻を着けて追っている姿をよく見ます。強く推進するためにやっているのだと思います。

「座ったり立ったり、自由にやってください」

生徒さんは全く自由になりました。バランスもよくなりました。そうなると、拳を頸すじに置くも置かないも自由です。

どんな運動をするかにより、騎手もどんどん対応しなければなりません。

それが正解です。

馬上で何でもできるようになりたいものです。激しい動きが要求される障害飛越では、固定された形はありません。

「じゃあ、どう乗ればよいのでしょう?」

「よい姿勢で乗ってください」

よい姿勢の条件は何だったでしょう。

リラックス、バランス、フォロウイング。


もう一つ気になることがあります。

「障害が小さいうちは随伴しなくてもよい」という考えです。

何センチまでが小さくて、何センチからが大きいのでしょう?

随伴ができないために、と言うより随伴をしないために馬を苦しめている場面が多過ぎます。

初心者のうちにしっかり教えてあげ、後は各々創意工夫じゃないでしょうか。

基礎基本無しに、創意工夫はあり得ません。


大会出場を目指す生徒さんへのアドバイスです。

ある程度乗れるようになったら、経路を想定した練習をしてください。

左右の回転と、スピードの変化を自由自在にできるように。

実際に経路を走行する時は、事前に下見をします。

下見で大事なのは、飛越の順番を覚えるのもありますが、経路を数障害ずつのブロックに分けて考えることです。

十数個の障害を、ずっと集中力を切らさずに走行するのは大変です。
三、四個の障害なら集中して向かえると思います。数個の障害を飛び、次のブロックに向かう障害間で休めを入れるのです。
休めといっても駈歩をやめるのではなく、駈歩のまま何も要求しない時間をつくるのです。もし体勢が崩れたならここで直します。手綱を持ち直すとか……。

そして改めて次のブロックに向かうのです。

普段の練習に休めの駈歩を入れるといいですね。具体的にどんな状態の駈歩かは上手く言えませんが、「今は休めの駈歩だ」と思うだけでいいです。

II
馬に学ぶ

1 間違いだらけの学生馬術

強烈なテーマに驚かれるでしょうね。

高校、大学の馬術部の指導がうまくいかなくて、悩んでいる人が多いのではないですか?

監督、コーチ、上級生等々、指導的立場にある人は大変ですね。

「部員が入ってこない」「入ってもすぐやめてしまう」「元気がない」「上級生と下級生の関係がギスギスしている」「言うことを聞いているのか聞いていないのか、はっきりしない」「上手くならない」

あげればキリがないですね。

今は「やれ多様性の尊重」だの、「個人の自由」だのと、昔のように「ヤル気あるのかー」の、根性論一本ではだめなようです。

私は高校馬術部の顧問、競走馬の世界を希望する若者を教育する研修所の教官など、指導歴は五十年を超えます。廃部の危機と言われた馬術部の復活にも関わりました。

若者の指導に悩み、随分勉強しましたので、それらの経験をもとに整理してみます。

◆大原則

まず、高校、大学の馬術部は、乗馬クラブとは違います。

あくまでも教育の一環です。これが大原則です。

ここを外すと、単に成績を残すことに走り、自分さえよければいいという者ばかりになり、コーチやOBが、まるで権力者のように学生たちを抑え込んだりしてしまいます。

卒業後、学生たちが社会で逞しく生きていける力を付ける、そのための部活動だと考えるのが教育です。

部活動は、考え方も能力も違う者が集まり、時にはぶつかりながらも励まし合っていく中で、あきらめず困難を乗り越える力を付けるためにあるのです。

経験が足りないのだから、失敗は当たり前です。失敗からしか学べないと言ってもいいくらいです。答えは簡単に出ないからいい。何度も何度もやり直す力が本物です。

◆どうすればいいのか？

あらゆる組織に言えることですが、うまくいかないのは「三毒」に冒されているからです。

三毒とは、「形式主義」「権威主義」「秘密主義」です。

ということは、三毒と闘い克服すれば、いやその闘いの過程で組織は活性化します。

「今までこうだった」は、形式主義です。

「黙って言う通りやれ」は、権威主義です。

「知らなくていい。そのうち分かる」は、秘密主義です。

もう分かるでしょう。こうなると、学生は自分の意見を言えなくなります。何も変えようとしなくなります。何も考えなくなります。

そんなところに居たいですか？　楽しいですか？　ヤル気が出ますか？

◆解決策

じゃあ、どうしたらいいのか？

とにかく馬の魅力、馬術の楽しさを伝えることに徹する。

こちらから一方的に働きかけることなく、学生が自ら考え、疑問を持ち、解決しようとする手助けをする。要するに扶助です。

そのために、学生一人一人との対話を重視する。

対話の場を見てほしかったですね。一人一人の問題を全員で考えました。

全員が十畳ほどの部屋で弁当やお菓子をつまみながらです。和やかな中に緊張感があり、求道心が溢れていました。

下級生の疑問に、上級生の考えも話してもらいながら、全員で考えました。私もその一員です。私は持てる知識を全て提供しました。私にも答えられないことは保留にし、全員で調べることにしました。

「お前らは知らなくていい」という秘密主義は端からありません。

対話の場で得られた理論は、翌日の練習で試しました。

「ああ、こういうことだったんだ」と、納得し喜びが弾けました。

勿論、練習中も、質問はＯＫです。疑問はその場で解決する。

練習が楽しくなりました。練習中も笑い声が十勝の大空に響き渡りました。練習中の大笑い、信じられますか？

上級生、下級生、大会の選手になれた者、なれなかった者の違いはあるが、差別はなく、互いに尊敬しあっていました。

馬たちに対しても、その秘められた能力を信じ、何としても開花させるんだと、技術の追求に挑戦しました。誰も見向きもしなかった馬たちが成長し、全国大会にも出場しました。

部活動が楽しければ、馬も成長することが証明されました。

◆勇気

指導者に必要なのは勇気です。

部活動は、大人の自己満足のためのものではないし、まして欲求不満のはけ口の場でもありません。もし係わるのなら、それ相当の研究をすべきです。学生の人生に影響を与えるのだと、責任を持つべきです。

学生たちが成長できないのは、自分の考え方・技術が足りないからだと認める勇気です。自分で何とかしなきゃとの責任感は素晴らしいですが、結果として、学生たちが成長しなければ無意味です。

足りなければ、誰かに助けてもらうのです。何も恥ずかしいことではありません。変なプライドにしがみついていないで、教えてもらうのです。学生を直接指導してもらうのもいい。学生の成長のためなら、大嫌いな人にも頭を下げられる人が、最高にカッコいい、真の勇者、真の指導者です。

◆学生くんたちは

「何を、どうしたいですか?」

馬の調教を、自分たちでしたいのではないですか? それが一番面白いから。

乗って本を読み、乗って上級者の映像を見、乗って仲間と相談し、乗って乗って乗って。どうしてもだめなら、頭を下げてヒントをいただく。そしてまた乗る。

OBが時々やって来て、「どら貸せ」と、まるで自分の馬のように乗り回す。学生たちが「イヤだ」と、言えないことをいいことに。

上手く乗れないと、「何だ、このクソ馬」と捨て台詞。

もっとひどいのは、毎日やって来て、当たり前のように乗るOBたち。

「学生らでは調教できないので、乗ってやってるんです」と、もっともらしい台詞。

現役時代同じようなOBがいたから、自分たちも調教できなかったんだろ。忘れたのか？　学生くんたち、それでいいのか？　勇気を出せ、声を出せ。

「自分たちでやります。やらせてください。自分たちの部ですから」

そう、部の主役は学生たちです。

◆もう一つ肝心なこと

技術の追求。

「当たり前だろ」と、思うでしょうね。でも、実際そうなっているでしょうか？

指導的立場にある人は、いつもいつも考えなければなりません。

OBの方々は、自分の昔の経験を押し付けていませんか？　記憶は、一番よかった時のことが拡大されているものです。

「こんなこともできないのか？」と思ったら、危険信号です。実は自分もできない時期があったのです。

冷静に考えましょう。

上手にならない原因は何か？　現段階でできることは何か？　どんな課題を与えたらい

いのか？　どうやったら褒めてあげられるか？

学生くんたちは、馬が好きで入った馬術部です。乗馬を上手になりたいはずです。上手になっている実感ほど、ヤル気を起こす特効薬はありません。

一昔前は、楽しい練習などと言うと、ふざけるなと叱られたものです。できそうもない課題を要求し、ガンガン怒鳴って、最後の決め台詞は「ヤル気が無いなら下りろ」でした。

肉体も精神も、極限まで追い込むのがよい指導とされていました。

私も、若い頃は後輩たちにそうしていました。今思うと穴に入りたい。

自分はと言うと、二年生の冬から、ＯＢたちの指導を拒否しました。

ミューゼラー著の『乗馬教本』を読み続けていたので、試したかったのです。

一つ一つ書いてある通りになるのが面白くて、馬術にのめり込みました。

勿論、並外れた練習をしなければ、そうはなりません。自分で自分を追い込んでいました。連日苦闘。それが楽しかった。

当時、映像はほとんどありませんでした。北の果ての帯広でしたから、一流の人馬の馬術を見る機会も限られています。

ですから、馬の世話係で全国大会に行った時は、上手だと思う人馬の演技を真剣に見ました。

伸長速歩、駈足の踏歩変換などを初めて見た時の驚きと感動。

障害競技のジャンプオフでの自由なコース取り、迫力に衝撃を受けました。

心の震えを意欲に変え、更に深く研究しました。

こんな充実した楽しいことはありません。

メンタルトレーニングの専門書に、「楽しいとは集中している状態だ」とあります。

どんなことも、集中して取り組むことが大事です。

馬術は馬との共同作業です。

自分の世界だけでの集中はあり得ません。馬に集中し、馬にも、自分に集中してもらいたいものです。馬だって集中したいはずです。

周りで、ああだこうだと怒鳴るばかりじゃなく、静かに見守ることも必要です。これも勇気です。

いい指導をするには、指導者が指導に集中すること。つまり、指導を楽しむこと。

「楽しくて楽しくてしょうがない」となりたいものですね。

2 馬は最高の先生

指導のために畜大に四年間通ったことは、先に書きました。

部員も馬もボロボロで、「廃部の危機」と言われていました。

兵庫県の三木、東京の馬事公苑、福島県での大会観戦も含め、四年間で八十回以上通いました。

四年間で、復活の基盤はできたと思います。

色々な要素はありますが、そのうちの一つは、馬群の立て直しだったと、今になって分かります。

畜大は、競走馬あがりのサラブレッドをいただくことが多く、学生が再調教して大会に臨みます。当時、主力の馬たちは老齢で、若馬たちも育っていませんでした。

学生たちも、「この馬群で行けるのか？」と不安そうでした。諦めていたと言ってもいいくらいでした。出来上がった立派な馬を買うことなど、考えられません。

また、そんな立派な馬で勝ってもつまらないと私は思います。

目の前の馬たちを、ああでもないこうでもないと、部員たちで知恵を出し合って調教するのが面白い。そんな馬たちで全国大会まで行き、よい成績を収めたら、どんなに嬉しいでしょう。

ある日の練習風景。

部班での全体練習の後、各個に馬の調整に入りました。

「この馬、見てください」と学生が来ます。私から「乗る」とは絶対言いません。

「問題点は?」と必ず問診します。

学生は自分の考えを言います。

初めの頃は、ただ「乗ってください」でしたが、私が問題点を聞くので、考えをまとめるようになりました。それだけで半分は解決しています。

「ちょっと運動してごらん」

学生が運動を始めます。私の周りで他の学生たちも見ています。

「ウーン、……かも知れないなあ?」

確信があっても疑問形にします。疑問形にすると、学生が発言する余地ができます。大先輩が断定してしまうと、発言できないし、考えなくなります。

見ている学生も、自由に発言してよいことにしていました。

「ハイ、……なんです」

「……じゃないでしょうか？」

部の馬は特定の部員が自分のものとしないで、全員が関心を持ち、知恵を出し合って育てる方が、馬のためにいいと思います。

一頭の馬について、上級生も下級生も一緒に考えることで部員のレベルが上がりました。レベルが上がると、ありがちな気持ちの悪い上下関係は生まれません。

複数の学生から情報をもらい、問題点を予測します。

「よし、乗せてもらうかな」

いよいよ、聴診、触診です。

乗ると、問題点がはっきりします。予測通りのことが多いです。そこを集中治療します。

ほとんどの馬は、体が固く、よいフォームを知りません。

「どうした？　右が固いんだって？」と、愛撫しながら馬に言葉をかけます。

カウンセリングをし、冷たく固まった心を解します。

心が解れると、扶助を受け入れるようになります。自然と体も解れ、フォームづくりが楽になります。フォームがよくなると動けるようになります。

馬にも爽快感があると思います。よい動きができると馬も嬉しいようです。

「まだまだ動けますよ、言ってください！」と、期待に応えようとします。

学生たちには、馬が自分の意志で、伸び伸びと空を飛んでいるように見えるそうです。

「ホラ、乗ってごらん」

すぐ乗り代わると、数分間余韻を楽しめます。

「ワー、こんな馬乗ったことない」と、笑顔が弾けます。

見ている学生からも、歓声とため息。

学生は大感動。どんなに力んでも動かなかった馬が、軽々と動いてくれる。

「この馬もお願いします」

また大感動。続けて十頭以上乗ったことがありました。

私は、長くても二十分以上乗りません。目の前で、自分たちの馬が劇的に変わっていく。

そして反応がよくなった馬に乗り、本物の馬術を体感する。

これで感動できない訳がありません。感動は意欲に変わります。

「私たちの馬はこんなに凄いのか。よし、もっともっと頑張ろう」

誰もが頑張りたいのです。頑張れることが喜びです。自信が湧きます。目がキラキラ輝きます。部として復活しないはずがありません。

ところが、私が乗る時によく動いても、学生が乗って動かないのでは意味がありません。それなら乗らない方がいいくらいです。

馬を鞭と拍車で苛めておどして、恐怖心で動かすのは間違いです。

外見は元気に動いているように見えても、ストレスが溜まり、蹴ったり尻っぱねしたり、逆に全く動けなくなったりします。

そんな馬に学生を乗せ、「何やってんだ！」と怒鳴っても何にもならないどころか、マイナスです。学生は萎縮するだけです。心が冷めていきます。

そこは真剣に考えなければなりません。

学生たちを感動させたのは馬たちです。私が乗った後も動いてくれた馬たちは、尊敬すべき最高の先生たちです。

八十回通ったと言っても、多くて月に二回です。あとは全部学生たちが試行錯誤を重ねて調教しました。どれ程愛情を注ぎ、どれ程練習したことか。

学生たちも本当に偉かった。

馬は人を育て、人は名馬をつくる。

3 母校の合宿所で

母校である帯広畜産大学へ指導に通っていた時の話を、もう少しさせてください。

私とは、祖父と孫ほどの年齢差の学生たち。私は大ＯＢです。大ＯＢが行くと、学生たちの心に恐怖心が混じります。嫌悪感もあるでしょう。それが普通です。ニコニコ迎えてくれても、いい気になってはいけません。

四年間通い、行く度に、部員全員と一対一の質問会をしました。

夕方の作業を終え、学生が買ってきた弁当を皆で食べながらです。

「ガソリン代に使え」とＯＢ有志からいただいたお金から出しました。本当に有難うございました。お菓子にジュース、そして私にはワンカップが三つ。

「ＯＢの方々からの差し入れです。イタダキマース」の直後から質問会は始まります。

三十名もいます。早く始めなければ明日までに終わりません。一人一人の話をじっくり聞くので時間がかかるのです。全員質問を用意して待っています。

「じゃあ、今日は一年生から」

「中学生から馬に乗っています。今まで習ってきたことと、大学で教えていただくことが違うので戸惑います」

一年生が私の周りを取り囲んでいます。その外側には上級生もいますし、なかなかできない質問です。

乗馬経験者が必ずぶつかる壁、大きな悩みです。

競馬会など、大きなところで習っていた学生は特に大変です。規模が大きく有名なところは、その指導は絶対に正しいと思っているから「ここの馬術部はレベルが低い」と判断しがちなのは容易に想像できます。その通りかも知れません。

「そうだなあ」と、一旦受け容れてから話し始めます。

「田舎くさい馬術だと思うだろうなあ」と、もう一度受け容れます。

「立派な馬がいる訳じゃないし、上級生たちも余りカッコよくないしな」

春先の北国の馬は、冬毛がぼうぼうで見た目が悪いです。

作業中心のような部ですので、上級生もはっきり言って汚いです。

「いいえ、そんなことはありません」と、小さな声で一年生。

「でもせっかく入部したんだから、一旦受け容れてみたらどうかなあ」と提案。受け容れろと押しつけないのが、カウンセリングのポイント。

「批判精神は大事。失くさない方がいい」

「でも反発ばかりしていると、何も吸収できない」

「一旦自分をゼロにしてやってみる」

「そうすると、今までやってきたことに上積みされる」

「一年でいいから、全部ハイでやってみたらどうかなあ」

周りで、一年生も上級生も膝を寄せ合って真剣に聞いています。自分にも思い当たることがあるのでしょう。頷いている学生もいる。私は、ワンカップを舐める。学生には、絶対に飲ませませません。

質問した一年生の背筋が伸びました。

大学に入るまでやってきた馬術が全否定されているように感じ、不安なのです。

上積みされるのなら、何も悩むことはありません。

多様性を認め、他の考えを排除せず、多くを学ぶことで、少しずつ自分の馬術が確立されていきます。

ただ、いつまでもそうではありません。ある程度までいったら自分の馬術は確立されたものと決めます。独りよがりで構いません。後はそれに肉付けしていくと考えた方がいいです。そのために多様性を認めるのですから。

でなければ、何時までも他人に頼ってばかりでフラフラします。

それではつまらない。自主性、自立性、独自性が育たない。

私は学生たちにそれを求めます。

私は大学に、多くても二週間に一回程度しか行けませんでした。だから私が行った時は、もし教えてほしいなら自分の馬術は脇に置いておいて、全部「ハイ」で百パーセント聞けと言いました。そうやって初めて、三木田馬術を肉付けできる。中途半端に反発していると、肉付けにもなりません。

私は三木田馬術と言いますが、どなたにも、百人百様の馬術があってよいと思います。

母校の馬術部は、自分で研究し自由にやれる気風がありました。

中央から遠く離れているので、影響を受けなかったのだと思います。

しかし馬術の本質を的確につかんでいたことを、最近知りました。

現在の世界のトップが考える馬術と、極めて近かったのです。びっくりです。いやいや、いい加減なことを言っているのではありません。

その証拠に、私の大ＯＢたちは何度も日本一になり、私たちも日本一になりました。

学生、国体、全日本と、出場できる全国大会のどれかで、六年連続日本一をとりました。

決まった監督もコーチもいない中で、自分たちで調教した馬での快挙でした。

それなりの理由があったと考えるのが自然です。

現在も学生の大会で上位に来るのは、偶然ではないと思います。

途中、アルバイトで抜けていた学生も戻り、取っておいてくれた弁当を食べながら話に参加しています。

全員が話し終わったところで、「明日も早いから終わろうか」と促します。

学生たちは、私が通信販売で買った蚊帳を「ああだ、こうだ」とにぎやかに組み立ててくれ、「オヤスミナサーイ」と、それぞれの宿舎に帰ります。

「明日の練習も楽しくやれそうだ」

私は一人、蚊帳の中。

4 減点ゼロの飛越

私が高校の教師で、馬術部の指導をしていた時の話です。

先に書きましたが、台風直下の宮崎県でのインターハイで、準優勝しました。

インターハイは三名の貸与馬戦でした。本校からは島田、飛川、小林くんが出場。

島田、小林くんは小さい頃から馬に乗っていて、競技前の準備馬場で調教してから出て行く程の技術を持っていました。

当然難しい馬を充てます。

飛川くんは高校に入ってから馬術を始めました。馬歴は二年少々、経験不足は否めません。比較的易しい馬を充てました。

勝つための鉄則です。馬配は私が決めました。

結果的に飛川くんは、減点ゼロでのゴールが多くなります。

インターハイのあと、韓国の高校との定期戦のメンバーに選ばれたと連絡が来ました。

韓国戦の選手はインターハイの優勝校・準優勝校から選ばれ、高等学校馬術連盟から、飛川くんと小林くんが指名されました。常に難しい馬で頑張ってくれた島田くんには可哀想な思いをさせました。

勿論、彼は何も言わず、二人にエールを送っていました。

会場は金沢でした。競技会は国を代表する選手たちだけに、技術はしっかりしていました。

優勝校の先生が監督を務めることになっていましたが、その先生は、専門がソフトボールらしく、

「三木田先生、生徒の指導をお願いします」と言われました。

頼まれても、今更指導することは何もありません。

競技は進み、韓国の最後の選手が最終のトリプル障害で拒止され、失権してしまいました。

その馬に乗ったのが飛川くんでした。不安そうでしたので一声かけました。

「いつも通り乗れ」

入場する飛川くんを見て、日本の関係者たちから、落胆の声が漏れました。

飛川くんは頸すじに拳を置き、軽い前傾で、いつも通りの乗り方です。

「体を起こして追わなきゃ飛ばない」と、関係者は思ったのでしょう。何しろトリプルで失権した馬です。

スタートした人馬は、何のためらいもなく、あっという間に満点ゴール。

誰もが目を疑ったことでしょう。

「体を起こさなきゃ」と、思うヒマもありませんでした。

無駄な音もなく、見事な演技。文句の付けようがありません。でも、日本の関係者からは、称賛の声はありませんでした。

障害は、体を起こしガンガン追わなきゃ飛ばないと思い込んでいる人たちには、飛川君の飛越は不満だったのでしょう。

でも減点ゼロです。減点ゼロのことを満点と言います。

満点は満点です。欠点が無いということです。

しかも、前に乗った選手が失権した馬に乗っての満点です。

何の文句があるのでしょう？　何故満点ゴールできたかを考えて、参考にすべきです。

私の解説はこうです。

満点でゴールできたのは、馬に前進気勢があったからです。

前進気勢が無い馬は、蹴ろうが叩こうが飛びません。

「飛んでくれる、イコール、前進気勢がある」ということです。

だから、体を起こして追っても飛ばないのは、体を起こして追うことが推進になっていないと理解すべきです。

ただし、体を起こして追うことを全否定しているのではありません。

それで上手くいくこともあります。上手くいくと思ったらやるべきです。

韓国の選手は、その方法を使いましたが、その馬にとっては過剰だったのでしょう。踏切が合わない障害があったり、十分随伴されなくて口を引かれたりして、飛越体勢を崩していました。

それで最終のトリプル障害で馬くんは、

「三つも連続で飛ぶのは無理だ」と、なってしまったのでしょう。

飛川くんは、軽い前傾で、拳と膝と鐙の三点で、崩れないバランス。

スーッとスタート。第一、第二、第三と飛ぶ中で、馬は思ったはずです。

「アレッ？　何もしてこないぞ。しっかり随伴してくれるから頭頸を十分使えるし、何よりバランスが崩れないので安心して飛べる」

「飛んでください。お願いします」と、飛川くん。

「大丈夫だ。しっかりつかまってろ」と、馬くん。

馬はヤル気満々。これが前進気勢です。

馬に全部任せて、バランスを崩さないことに専心した飛川くん。

これが推進です。馬と飛川くんの間には、信頼関係も生まれていたと思います。

完璧な人馬一体です。

Ⅲ

教え子からのメッセージ

これまでに指導をした教え子たちが、
三木田の指導についての感想を寄せてくれました。

★小さいことでも褒めてくれるので、教わる側が緊張しにくい。イコール楽しく乗れる。

私たちに伝わりやすいように難しい言葉は使わないで説明してくださる（擬音語「のーびのーび」やモノを使った例えなど）。

例えがあまりよくないかも知れないのですが、私は、三木田先生の調教はパン造りのようだと感じたことがあります。しっかりこねるところはこねる。こね終わったら少し休ませる。休ませたらまた少しこねる、といったように、キチキチ詰め過ぎず丁寧に熟成させていくイメージがありました。

三木田先生のご指導は、人も馬も生き生きのびのびしていました。（M・F）

★三木田先生の指導の特徴は、馬目線、神の拳、怒らないで褒める、話が分かりやすいし面白い。（T・F）

★**しばらく馬とは離れていますが、やっぱり乗りたいなあという気持ちは離れません。**三木田先生のご指導で凄く印象的なのは、**提案と納得**です。三木田先生が乗られた馬では「あ、今納得したんだ」ということを、下で見ていて凄く感じていました。制御とかではなく、ちゃんと馬が納得していると感じました。

それを自分で「できた」と思えたのは一回しかなかったのですが、今でもその手ごたえと、馬と一緒にフッと息抜きできた感覚は凄く覚えています。

上手く言葉にできないのですが、三木田先生には**馬は感情を持った生き物**だという、凄く当たり前で、忘れてはいけないことを、絶対に忘れないように教えていただいたと思います。抽象的で申し訳ないです。（M・U）

★三木田先生の指導ですぐに思いつくのは、例え話です。馬術部員でも大学から始めた子は、馬術についても馬についても、教えてもらったり勉強したりしても、イメージし難い気がします。三木田先生はそこに、日常生活で経験したことがあるような例え話を挟んでくれたと思います。聞き手が想像しやすい次元にまで話を落とし込むことで、三木田先生が意図する部分がすごく伝わりやすいのだと思いました。

他の指導者ができていないわけではないのですが、特に三木田先生は馬のメンタルに重きを置き、繊細に調教していると思います。多くのある程度乗れるライダーは、一定のところまでは馬をまとめて動かせると思うのですが、小手先の技術で馬を制御下に置いているように見えることが多々あります。

三木田先生が言うところの馬が納得した状態ではなく、運動を強いられている感じです。三木田先生は馬の精神状況を本当に上手く汲み取って、こちらの提案を馬が納得して動く状態を作り出せるところが凄かったです。このポイントが大切なのは、言われれば多くの人がそうだと言うと思いますが、三木田先生の丁寧さは次元が違うと思います。

（Y・Y）

★先生のご指導で一番特徴的だなと私が思ったのは、見せる（自分と何が違うのかを考えさせる）↓体感させる（馬の動きが変わることで、その動きを体感する）↓話す↓自分でやってみる（今までのことを踏まえて自分で考えて実行する）という流れになっていることです。

特に「話す」ことに関しては、必ずしもいつも明解な答えが返ってくるわけではなくて、分からないこともあったり、いくつか答えがあったり、「こうしなければならない」というのがなくて、ちょっとずつ自分で自分に合ったやり方を見つけていくところが楽しかったです。（Y・N）

★指導方法に当たるのかどうか分かりませんが、三木田先生に教えていただいて感じていたことを書いてみます。

・馬がリフレッシュする
・馬の性格が良くなる
・とても褒めてくださる（人も馬も）
・先生が馬に直接触れることが多い
・必ず馬に話しかける
・準備運動の時間が豊富
・私の緊張がほぐれる
・先生はいつも笑顔を絶やさない（H・T）

★僭越ながら、三木田先生のご指導を四年間賜って来た者として、特徴だと思う点を二つ述べさせていただきます。

一つ目は「学生の意見・質問を真摯に聞いてくださること」です。

乗馬クラブで働いていた私としましては、勤務時間内に全ての会員様のご質問に、満足のいく答えを出すことは困難と考えています。

一方で、三木田先生は指導日の夜に、全ての学生の質問に答えてくださり、どんな質問でも頭から否定されることはありませんでした。

二つ目は「人として尊敬される存在だということ」です。

馬場が凍っている日は氷を割り、雨の日は水を流す三木田先生は、皆が尊敬する存在です。教えられる側にとって、指導される内容が頭にスッと入りやすく、目標達成へのモチベーションに繋がっていたと思います。

また馬術談義ができる日を楽しみにしています。（Y・N）

★三木田先生のご指導の特徴

・既存にはないアイディア満載の練習メニュー

部班《ぶはん》中にバラバラに各自散って、好きに動き、号令でまた隊列に戻る。2ポイントの体操。やまびこ号令。等々、独特で型にハマらない号令が多かったことが印象的です。どれも本や先輩方の指導にはなく「もっと自由でいいんだ！　何でもやっていいんだ！」と思わせてくれたことをよく覚えています。

・馬側の立場で考える

三木田先生は苛立つ馬に対しても力で制するのではなく、その馬の過去を想像し、決して怒らず落ち着くのを待っていました。馬側の目線で、嫌なことが何かを探る姿に、忘れがちだけれども、とても大切な馬との接し方を教えてもらいました。

また三木田先生が乗ることで、その馬がビックリするくらいよく動くようになっていたのも、乗馬技術に加え、馬への深い愛情があったからこそのことだと思います。（H・M）

★先生はまず、人を緊張させないように声かけをされているなと感じました。

強制的ではなく、提案のような指導なので、嫌な気持ちにならなかったです。

また、分かりやすく覚えやすい言葉を多く使われていました。例えば、「良い姿勢の条件は、リラックス、バランス、人馬一体」だとか。

次に、私がとても印象に残っているのは、馬の後肢の動きを感じる練習です。他のひとよりも数年多く馬に乗っていたはずなのに、後肢が地面につく、または離れる時の左右を言うのが上手くできず、悔しかったです。ですが、これが感じられるようになったら、二蹄跡運動がグッとやりやすくなったと思いました。（S・N）

★思い起こせば本当に沢山のことが浮かんできます。

まず思うのは、先生の指導はいつもポジティブだということです。私は、先生からネガティブなことを言われた記憶がありません。

他の人たちが「問題」と言うことを、先生は「課題」と言い、あっちゃん（馬名）の踏切がいつもバタバタで大飛びしていた時も、「こんなに飛べるんだから、パワーはあるんだぞ！」と言ってくださいました。

また「あっちゃんはヤル気がない、前進気勢がない」と言われれば、「力の出し方をまだ知らないだけ。こんなに柔らかくて良い馬なんだから大丈夫」。「競走馬にもならなかったから、そもそも推進力が無い」と言われれば、「ラッキーだ、ひっかからないだろう」と。

あっちゃんのことに限らず、先生がおっしゃったことは文字通り全て覚えています。私が先生についての本を書けるくらいです（笑）。

あと、何故でしょう、特に各個で見ていただいた時、もやもやで終わったことがない気がします。いつも爽快感と笑顔で終われました。ほんの短時間の練習でも、馬さえ気分がよくなったんじゃないかと感じました。

「今の爽快感、緊張感、満足感を、先生がいない時でもあっちゃんと感じたい」と思わせてくださいました。（A・I）

★先生に教えていただいた際、私が感じたことです。

①沢山褒める（褒めてくれる）
②人馬を否定しない
③ポジティブな声かけ
④指導をしながらカウンセリング
⑤人を教えながら馬の状態を良くする（調教する）

①はダントツです！

私（人）もですが、馬たちも沢山褒めていただき「これでいいんだ！」と思っていたと、私は見ていて感じました。

②と③は重複している部分が多いと思いますが、先生のご指導の特徴として強く感じたことですので、二つに分けて書かせていただきました。

「それじゃダメ、○○してはダメ」という表現を使う方が多いですが、先生は「○○すると良くなるよー」と声をかけてくださいます。

「下を見るな」ではなく、「前を見てごらん」「行きたい方向を見てごらん」が一番分かりやすい差ですね。

④については、カウンセリングと書かせていただきましたが、技術面だけではなく精神面のケアもしていただいたと感じました。

人に対してはもちろん、馬に対してもですね。

⑤については、先生をはじめとして、上級者の方に馬に乗っていただいた後はとても乗り心地が良かったのを覚えています。しかし三木田先生は個人指導や部班運動の中で、乗らずとも馬の調教に繋がる声かけをしてくださったと思います。

⑥加えて、馬場の整備を大事にする。騎乗面で沢山教えていただきましたが、馬場の

整備についても沢山教わりました。

馬術、乗馬をするには馬と馬場が必要と先生はおっしゃっていました。その通りですよね。馬場が固くなってしまった時や、雨の水たまりが多くできた時、積雪した馬場。様々な状態の馬場の整備の仕方を教えてくださいました。

馬場の整備まで声かけをしてくださる、と言うより三木田先生が率先して動かれていました。そんな方は、そんなにいらっしゃらないです。

良い馬場で運動する、練習するのは、馬のケアにも繋がりますね。（M・S）

★一晩考えさせていただきました。

① とにかく楽しい部班。

特に印象に残っているのは、先頭に追い付け追い越せの号令です。普通はああしろこうしろと怒号が飛び交う部班ですが、三木田先生の部班は怒号はない代わりに斬新な号令が多く、何だそりゃ？　と思いながら指示に従ううちに、自然と馬を動かせていたように思います。

② 分かりやすい言葉

反減却＝胸を開く　肘を曲げる　踵を下げる　等。

私も今、乗馬クラブでお子さんや奥様方に指導させていただく時に、心がけています。

③　馬の気持ちになる

当たり前で一番大事なことですが、他の指導者の方は余り言葉にしないような気がします。障害を飛ぶ時、馬に判断させるという考え方には、特に影響を受けました。

また、先生の著作には、馬の気持ちがセリフとして書かれているので、小説のように面白く読みやすかったです。

私も今はクラブで少し馬に乗っていますが、学生の時のように誰かにみっちり指導してもらう機会は少ないので、久しぶりに三木田先生のレッスンを受けたいなあと思いました。

（M・S）

★私が思い出せる範囲で、三木田先生のご指導を思い返してみました。

まず真っ先に思い出すのは、三木田先生が馬に乗っている姿です。

いつも自分たちが乗っている馬に乗って、自分たちでは引き出せない馬の能力を引き出していく様子がとても印象的でした。

長く馬に乗っている方は、それぞれ特徴的な乗り方をすることが多かったように思いますが、その中で三木田先生の乗り姿は教科書通り基本に忠実な乗り方にみえて、初心者の自分でも、こんな風に馬を動かすことができるかも知れないと思わせてくれるものでした。また、質問への回答がとても具体的で、イメージしやすく実践しやすいものだったように思います。

私は腰内が上手くできず、三木田先生に質問したことがあります。その時に自分の腰と馬のお尻に糸が付いていると思ってやってごらん、というような指導をしていただいたように記憶しています。それまでは本で読んだり他の人に教えてもらった通りにやっていただけだったのが、そのイメージでぐんとやりやすくなりました。

他にも三木田先生に教えていただいて、それまではもやっとしたイメージの中でやっていたことが、なるほどそういうことかと納得して、実践できるようになったことが幾つもあったように思います。

三木田先生は本当に馬術のことを理解されていて、自分で実践されてきたからこそ、自分の言葉で、私たちの身近なことに例えて分かりやすくご指導くださっていたんだなと思います。

馬術に限らず、人に何かを教える立場になった時に、参考にしたいと思えることでもあります。（M・Y）

★部活動感いっぱいでした。

三木田先生は、ただ大会成績を求める部ではなく、技術論のほか、より人馬の一体感を求めさせてくれたと思います。

その時の人馬の状態を正確に把握し、この人馬ならどうするかを一緒に考えてくれました。

大会が近く、馬の欠点を修正して欲しくて乗っていただいたのに「何でそんなことしてるんだろう？」と、疑問に思うことがありました。のんびり乗っているようにしか見えないのです。それが五分十分経つと、馬の眼が輝き、伸び伸びと動き出すのです。

先生の後に乗せていただくと、欠点があったとは思えない動きになっているのです。馬が喜んで動いているとさえ感じました。

先生は優しく馬に寄り添って、馬の身体はもちろん心までも無理なく解していたのだと、ずっと後になって気づきました。

上級生も下級生も、皆本物の馬術を目指せるように指導してくれていたんだと思います。だから、部活動感いっぱいの部だったんだと思います。（T・I）

おわりに

スポーツに限らず、あらゆる分野でメンタルトレーニングが必要だと言われています。能力が優れていても、発揮できなければ意味がありません。「心こそ大切なれ」です。

私が勉強し、大きな影響を受けた書籍について紹介します。

『〈勝負脳〉の鍛え方』林成之著（講談社現代新書）

著者は脳神経外科医で、「勝負脳」という言葉をつくられました。

勝負脳とは、勝負に勝つための戦略を練る知能だそうです。

――若い選手を育てる方法として、叱りながら意欲を高め、その成果を引き出そうとする指導が行われている。プラスの効果があることは否定しないが、反面、見逃してはならないマイナスの作用もある。

人間には、自分を守りたいという自己保存の本能がある。しょっちゅう叱られていると、脳は苦しくなって、脳自身を守るために、叱っている人の話を受け流すようになる。困難から逃げてしまう、逃避脳になる。――

『脳科学からみた「祈り」』中野信子著（潮出版社）

脳科学者である著者が、「よい祈り」について述べています。

――前向きな心でいる時、笑顔の時、感謝の気持ちを持つ時、脳内にはベータ - エンドルフィン、オキシトシンなどの脳内快感物質が分泌される。「よい祈り」とは、祈っている当人の脳にもよい影響を与え、幸福感を与えるものになる。

競争や勝負に勝つことを祈る時、敵（競争相手）の失敗や不幸を祈るのではなく、「この勝負を通じて、共に成長していこう」と、大きな心で相手の幸福をも祈ることができたとしたら、それは「よい祈り」となって、自らの幸福にもつながっていくはずです。――

『ラグビー日本代表を変えた「心の鍛え方」』荒木香織著（講談社＋α新書）

著者は、前ラグビー日本代表メンタルコーチで、ワールドカップで話題になった、五郎丸選手のキック前のルーティーンを一緒につくった方です。

――最近の若い人は、極端に失敗やミスを恐れます。それは、子供の頃から失敗やミスをすると、指導者や親、教師などから怒られることが多かったから。怒られたくないから失敗したくないと考えるし、失敗したくないから挑戦もしない。

逆に、ほめられた記憶が自信を生む。

「ラグビー以外の行動をきちんとやろう」と提案し実施した。そうした規律の部分は、絶対試合に出る。――

『メンタルトレーニング』高妻容一著（ベースボール・マガジン社）

著者は、理想的な集中について述べています。

――子供がテレビのアニメ番組に夢中になり、お母さんが「ごはんですよ」と、何度言っても聞こえない状態や、遊びに夢中になっている姿が、理想的な集中の姿である。人間は、楽しいと感じた時に、一番気持ちが集中すると考えられます。つまり、楽しむことが集中力を高めるのだという認識をしてほしい。間違っても、コーチの皆さんが、「ふざけるな、まじめにやれ」などと野暮なことは言わないでください。――

『馬と踊ろう』クラウス・フェルディナンド・ヘンプフリンク著（日本競走馬協会 監修・発行）
——学習はいつも楽しく、充実感を伴い、成長と進歩を促すことが重要です。子供は、意欲と発見と喜びの精神で課題に取り組んだ時に、初めて真に学ぶ。
調教は、調教者自身も馬もともに喜び、好奇心を感じながら体験してこそ、初めて価値がある。——

『ネガティブ・ケイパビリティ 答えの出ない事態に耐える力』帚木蓬生著（朝日選書）
——今の時代は「こうすれば、苦労なしで、簡単に、お手軽に解決しますよ」の方が受ける。でも、お手軽な解決ばかり求めてしまうと、何かが欠落していきますし、結局は行き詰まってしまいます。なぜならば、世の中には、すぐには解決できない問題の方が多いからです。問題解決能力（ポジティブ・ケイパビリティ）だけでなく、「どうしても解決しない時にも、持ちこたえていくことができる能力（ネガティブ・ケイパビリティ）」を培うことが大事です。
答えの出ない問題を探し続ける挑戦こそが、教育の神髄。——

指導にあたって、これらの先生の考え方は、大変力になりました。漠然と考え実施していることが文章で確認でき、自信が深まりました。文献の裏付けを持ち、これからの指導も迷わずにやれそうです。新しい知識を試してみる楽しみもあります。

『乗馬教本』ウイルヘルム・ミューゼラー著（恒星社厚生閣）

「馬の心理を深く極め、力によらずしてただ感覚のみを以て人馬の調和をはかる者」は、芸術家と言っていい。また、「一切の調教の最終目的は人馬の完全なる調和にあり――これ即ち美である。馬についていえば如何にも自ら楽しんでいるように見えるべきであり、騎手についていえば難事をやり遂げているというような身振りが聊かなりとも外部に漏れていてはならぬ」と、ミューゼラーは馬術の目的を示しています。

私は、馬歴七十年を越え、今も乗っています。四十年来の馬友が「優しく乗りますねえ」と、今の私の騎乗を評価してくれました。ひょっとして、ミューゼラーが言う、芸術家の域に達しているのではないだろうか。それは言い過ぎとしても、近づいていることは間違いないと言っていいでしょう。大学馬術部で出会った『乗馬教本』を、全文暗記するほど読み、探求し続けてきたご褒美だとしたら嬉しいです。

おわりに

『Riding Logic』。英語版のミューゼラーです。最近、友人からいただきました。

裏表紙に、イングリッド・クリムケの文があります。「父が、ミューゼラーの本から価値的なヒントをくれた」父とは、あの高名なライナー・クリムケ氏です。私は三十代の頃、クリムケ氏の映像を観て感動し、勝手に「私の師匠」と言っています。「あのクリムケ先生が、ミューゼラーを読んでいたんだ！」と、感動が深まりました。

三歳の頃、馬の背に乗せてくれた人から、今日に至るまで、多くの方々にお世話になりました。本当に、ありがとうございます。

指導力は、読んで字のごとく「力」です。試行錯誤を重ねながら、実際に指導させていただくことでしか身に付かないと思います。五十年にわたり指導の機会を与えてくださった皆様に、深く感謝申し上げます。

静内農業高校の教え子くんたち。帯広畜産大学や、他大学の後輩諸君。日本軽種馬協会の研修生たち。三木田乗馬学校に来てくださった方々。ライディングヒルズ静内で声をかけさせてもらった皆さん。そして全国の「馬楽」ファンの方々、さらに競走馬の牧場のスタッフの皆さん。全ての方に、重ねて御礼申し上げます。

馬くんたちも付き合ってくれて本当にありがとう。まだまだ頑張るからね。

お陰様で三冊の本を出版することができました。関係者の皆様、ありがとうございます。

特に、雑多な原稿を忍耐強く整理してくださった、あさ出版の宝田様に深く感謝申し上げます。

妻の典子と私は、二人でギリギリ一人前です。

二人で三木田乗馬学校を実現し、「馬楽シリーズ」を三冊も出版できました。快挙です！

これからは、「馬楽」を引っさげ、世界に打って出ます。

皆さん、応援してくださいね。

音を楽しむのが音楽。

馬も人も、みんな幸せになるのが馬楽。

著者紹介

三木田照明（みきた・てるあき）

1948年、北海道静内に生まれる。

1968年、帯広畜産大学入学、馬術部に所属。

1971年、全日本学生総合馬術大会で優勝。

1975年より2年間、アメリカで農業研修。

1981年より、農業高校の教諭。馬術部顧問としてインターハイ準優勝。

1989年より、日本軽種馬協会勤務。軽種馬生産・育成に携わる若者を養成する研究所の教官として、乗馬技術を指導。

2005年、三木田乗馬学校設立。

2012年～2016年、帯広畜産大学馬術部を指導。

2018年～、アメリカで乗馬指導。

現在は、新ひだか町・ライディングヒルズ静内をメインとして指導。国内・国外から生徒が訪れている。

著書に、『馬を楽しむ乗馬術』『馬楽のすすめ』（あさ出版）がある。

馬《うま》の言葉《ことば》に耳《みみ》を傾《かたむ》けて

続《ぞく》・「馬楽《ばがく》のすすめ」　極上《ごくじょう》の乗馬《じょうば》指導術《しどうじゅつ》　〈検印省略〉

2023年　7　月　12　日　第　1　刷発行

著　者――三木田 照明（みきた・てるあき）
発行者――田賀井 弘毅

発行所――株式会社あさ出版
〒171-0022　東京都豊島区南池袋 2-9-9 第一池袋ホワイトビル 6F
電　話　03 (3983) 3225 (販売)
　　　　03 (3983) 3227 (編集)
F A X　03 (3983) 3226
U R L　http://www.asa21.com/
E-mail　info@asa21.com
印刷・製本　神谷印刷（株）

note　http://note.com/asapublishing/
facebook　http://www.facebook.com/asapublishing
twitter　http://twitter.com/asapublishing

ISBN978-4-86667-487-2 C0075